歴史文化ライブラリー
460

畜生・餓鬼・地獄の中世仏教史

因果応報と悪道

生駒哲郎

吉川弘文館

目 次

六道の衆生──プロローグ

1　六道の衆生

仏の世界観

仏教の世界観として十界という思想がある。いわゆる十の世界で、それらは二つに大別される。つまり、四聖《ししょう》と六道《ろくどう》である。四聖は、四つの悟りの段階を示した世界で、六道は、六つの迷いの世界である。人の世界は六道の一つである。六道は、天道・人道・修羅道・畜生道・餓鬼道・地獄道からなっている。私たち人間は、人道の住人で、迷える衆生《しゅじょう》（仏教で救いの対象となる者）である。人は臨終を迎える時、できれば六道ではなく、往生《おうじょう》して悟りの世界に行きたいと願う。

四聖は、下から声聞《しょうもん》界・縁覚《えんがく》界・菩薩《ぼさつ》界・仏（如来）界からなっている。四聖は、天台宗の教義から仏教の修行段階を述べたもので、諸説あるが仏界へと順次進んでいく（瞬時に仏界に到着する場合もある）。

人は解脱《げだつ》すると、最終的には四聖最高の世界である仏界に到る。仏界のなかでも阿弥陀仏の住む世界が西方極楽浄土で、薬師仏の住む世界が東方浄瑠璃世界であり、どの仏の世界に行くかは別にして、最終的には仏の世界に行き着くのである。

しかし、ついに迷いから抜け出せないで人の最後を迎えれば、来世は、また六道の何れかの世界が待っている。迷える衆生は、六道の何れかの世界で生死を繰り返すことになるのである。こうした、生死の繰り返しを輪廻転生《りんねてんしょう》という。

男女の性

人の世界は、六道の一つなので、迷いの世界である。迷いの世界は、生死があるので、男女の性別があることになる。男女の営みがなければ新しい生命は誕生しないからである。しかし、菩薩は本来仏教の修行段階であるが、日本において観音菩薩や地蔵菩薩らは、男性でもなく、かといって女性でもなく、性別を超越した存在であると考えられる場合が多い。観音菩薩は、女性のように見えても、口元に髭《ひげ》があったりする。菩薩は、そうした性を超越した存在なのである。究極の悟りの存在である釈迦、阿弥陀、薬師、大日、阿閦《あしゅく》などの仏も菩薩と同様に性別はないと考えられた。

それでは、天道はどうか。六道の一つである天道には、性別がある。帝釈天や毘沙門天は性で言えば男性だし、吉祥天や弁財天は女性である。仏像などで天部は仏菩薩と混同されがちだが、あくまでも六道のなかの天道なので、男女の性がある。当然、人を除いた動物の世界である畜生道の衆生にも雄雌《おすめす》の性があることになる。つまり、六道には性別があるのである。

六道における男女の性は重要である。なぜなら、人は畜生道の住人に生まれ変わることもあると考えられたからである。亡くなった自分の父母が道端で出会った犬・猫の場合もあるのである。

四　生

六道の天界（天道）には、性別はあるが、しかし、性別がない天界も存在する。

仏教にはそもそも三界《さんがい》という考え方がある。三界とは欲界《よくかい》・色界《しきかい》・無色界《むしきかい》の三つの世界からなる。欲界は、食欲・淫欲・睡眠欲など本能的な欲の世界である。色界とは、欲望がなくて清浄な肉体だけがある世界である。無色界とは、まったく肉体などの物質的なものはない精神世界である。六道は三界のなかの欲界に存在している。

欲界・色界・無色界にそれぞれいくつかの天界があり、六道のなかの天界は、欲界のなかの天界のことである。六道に含まれる天界は、六欲天《ろくよくてん》とも言われ、他化自在天《たけじざいてん》・楽変化《らくへんげ》天《てん》・兜率天《とそつてん》・夜摩天《やまてん》・忉利天《とうりてん》・四天王衆天《してんのうじゅてん》（四天王天）の六天である。こうした六欲天に限り性別がある。天とは言っても欲界だからである。

また、仏教では衆生の誕生の仕方には、四種類あると考えられている。それら誕生の仕方の総称を四生《ししょう》という。それぞれは、①胎生《たいしょう》、人・馬など母胎から誕生する。②卵生《らんしょう》、鳥など卵から誕生する。③湿生《しつしょう》、虫など湿気から誕生する。④化生《けしょう》、自らの行為で次の世に忽然《こつぜん》と生まれる。

現代人からすると湿生は、生物学的にはどうかと思うこともあるかもしれないが、印象として理解できなくもない。理解が難しいのは化生である。

人に限ると、人は母の母胎から誕生し、前世の記憶がまったくなく新たに人格を形成し成長していく。しかし、人として亡くなる時、中陰《ちゅういん》の期間（四十九日まで、次の世界が決まるまでの霊の期間）は人であった時の記憶がある。また、天・修羅・餓鬼・地獄などへの転生は、前世の記憶などがそのままである。このような状態を化生という。つまり、人は、前世の記憶がなく誕生し、来世、地獄に堕ちれば人であった前世の記憶はそのままであるということになる。それは、現世は胎生で誕生し、来世は化生で誕生したということなのである。

また、人から畜生の犬・猫に転生した場合、現世は胎生で誕生し、来世も胎生で誕生したということになる。したがって、人が道端で出会った犬・猫がその人の両親の転生した姿であったとしても、残された者は、親が犬・猫になっていることは知る由もないし、犬・猫にも前世の記憶がないので、その人が自分の子どもであることはわからないということになる。

六道の場所

六道のそれぞれの世界は何処にあるのであろうか。人の住む人道を基準にすると、天道と修羅道は、人道のかなた上空、地獄道は、人道の地下深くにあると考えられていた。問題は、畜生道と餓鬼道である。これら二つの世界は、人が住む世界と同じ空間に存在していると考えられていたからである（餓鬼は地獄などにもいる）。ただし、餓鬼は人の目では見ることができないとされていた。『餓鬼草紙《がきぞうし》』などで、人々の生活空間に餓鬼がウヨウヨと描かれているが、人々は一向に餓鬼を恐れたり、嫌ったりする様子はない。人々が餓鬼に気がつかないのは、そうした理由である。

人々にとってより切実な問題は、畜生道である。畜生＝動物は、家畜を始めとしてさまざまな場所で人と共存し、現実には、こうした動物がいなければ人は生存できない。

仏教には「殺生」にたいする罪業観があるが、「殺生」とは、人が人を殺すことのみで

図１　施餓鬼の水を飲む餓鬼（『餓鬼草紙』第２段，京都国立博物館所蔵）

はないのである。人が動物を殺すことも「殺生」である。それは、動物は畜生道の衆生であり、仏教では救いの対象となるからである。狩猟や漁撈が罪業とされるのは、こうした考えが根底にあるのである。

三善道と三悪道

人は、来世に往生したいと願う。しかし、それが叶わないなら六道のなかでも地獄には堕ちたくないと思う。せめて、人道や天道などに生まれ変わりたいと思うのは、人として普通である。なぜなら、六道にも区別があるからである。

六道のなかでも、天・人・修羅道は三善道、餓鬼・畜生・地獄道は三悪道という（修羅道を悪道に含める考えもあるが、本書ではその点は言及しない)。中世の史料には、「悪道」「悪趣」などの言葉が散見されるが、これらの言葉は、地獄のみを指しているわけではない。多くの場合、「悪道」「悪趣」とは、餓鬼・畜生・地獄道を含めた言葉なのである。

六道にも善と悪との区別があった。したがって、人道に生まれることについては、鎌倉時代、無住《むじゅう》が記した仏教説話集『沙石集』に「受けがたき人身を受け」とあるように、奇跡的なことと中世人には考えられていたのである。

それでは、三善道と三悪道とは、何が決定的に異なると中世人に考えられていたのだろうか。たとえば、人から畜生に転生したとして、犬や猫だったらまだ良いのかもしれない。しかし、ナメクジやゴキブリだったらどうしよう、などと個人的には思ってしまう。また、悪道のなかでも地獄などには絶対に堕ちたくない。人ならば当然の心情である。

本書の第一の目的は、そうした心情的なことのみではなく、三善道と三悪道とで、同じ六道でも具体的にどういう差があったのか。それを明らかにすることである。なぜなら、三悪道という括りでの研究は、今までの研究史にないからである。

阿弥陀仏の西方極楽浄土などへの往生と対極にあるのは、堕地獄《だじごく》である。したがって、地獄については多くが語られている。とくに仏教と戒律との関係では、殺生をする武士、狩猟や漁撈を生業《なりわい》とする者らに「不殺生戒《ふせっしょうかい》」が説かれたりする。

武士は、殺生だけでは地獄に堕ちなかった

実際、十世紀成立、天台宗比叡山延暦寺横川《よかわ》の恵心僧都源信《えしんそうずげんしん》著『往生要集』などで語られている八大地獄（八種類の地獄）は、それぞれの地獄に堕ちる条件のなかに、殺生という行為が含まれている。等活地獄《とうかつじごく》や黒縄地獄《こくじょうじごく》、さらには無間地獄《むげんじごく》など、八つの地獄に堕ちる条件となる生前に重ねた罪業は、それぞれの地獄で微妙に異なっているが、すべての地獄に共通するのが「殺生」である。

殺生は罪業である。それでは、来世、地獄に堕ちないために武士という身分を捨てるか。狩猟・漁撈を生業とする者は、それを止《と》めて、田んぼや畑で米や穀物を作るか。しかし、それでも仏教では、土を耕して虫を殺すと記載されている。ここまで言われると、人は殺生しないで生活などできない。しかし、すべての人間が地獄に堕ちたなどという中世の史料は見たことがないのである。

平清盛、源頼朝、足利尊氏、豊臣秀吉、徳川家康らは、皆、多かれ少なかれ殺生と無縁

ではなかった。それでは、彼らは揃って地獄に堕ちたのであろうか。当時の人々はそのようには考えなかった。さらに言えば、仏教で罪業となる役割を担った武士という身分は、江戸時代が終わるまで続いた。それは、誰でもが知っている当たり前の日本の歴史である。

前世、現世、来世

そうすると、仏教の教義と人々の生活には大きな隔たりがあったことになる。当時の人々の仏教信仰は、現実生活とは別の次元のものか。それともうわべだけのものなのか。否、そういう次元の話ではあるまい。私たちは、中世の史料を現代人の思考で考えてしまっているのではないだろうか。そのため、矛盾・奇妙と感じるのであろう。

中世人は、今、生きている現実を現世《げんせ》のみで考えなかった。今の現実は、前世《ぜんせ》からの因縁であると考えていた。そして、現世の生き方は来世《らいせ》に直結すると考えていた。中世人はこうした輪廻転生を過去繰り返してきたと観念していたのである。

ただし、中世人が日ごろ意識したのは、前世、現世、来世の三世のみと言っても過言ではない。人と同じ空間に存在する畜生に、自身の前世や来世を観《かん》じることもあった。また、人としての生を受けても、どのような父母の元に生まれるか、どのような家柄に生まれるかは、前世からの因縁であると受けとめた。また、人の人格形成にあたっては、どのような人に育てられたか、どのような人と接したか、どのような人に影響を受けたかは、これも前世からの因縁であると考えていた。

「縁起」とは、寺社の由来を意味する場合が多いが、本来、衆生一人一人にも縁起はあるのである。前世の因縁によって殺生を生業とする家に生まれた。したがって、殺生を行なった。仏教でその行為は罪業である。「宿縁」「宿業」「因果」などと呼ばれる前世の因縁による行為で来世に地獄に堕ちることがあったが、たとえ堕ちたとしても救済された。救いの手を差し伸べたのは主に地蔵菩薩である。

しかし、確かに地獄に堕ちたと考えられた人々がいた。中世人は地獄に堕ちた人々にたいし、それも現世での「宿縁」「宿業」「因果」と考えたのである。それでは、地獄に堕ちる殺生とは、どういう殺生か。それを考えるのが、本書の第二の目的である。地獄に堕ちる殺生、堕ちない殺生という視点での研究史も、今までにない。

追善供養

保元元年（一一五六）七月十日、天皇家や摂関家の家督争いが武力によって決せられた。いわゆる保元の乱である。平清盛・源義朝《よしとも》の軍勢が勝利し、敵方にまわった清盛の叔父忠正と義朝の父為義《ためよし》は処刑された。勝利に貢献した源義朝は、それればかりではなく、十四歳以下の為義の子四人を斬るように命じた。四人にしたがっていた郎従《ろうじゅう》らは、悲しみのあまり自害したという。

その三年後、朝廷内で力をもっていた信西《しんぜい》（藤原〈高階〉通憲《みちのり》）を討つための平治の乱（平治元年〈一一五九〉）で、源義朝は信西を討ったものの、平清盛に敗れた。義朝は東国に逃げる途中、郎等の鎌田政清《まさきよ》の舅である内海庄司忠致《ただむね》に裏切られ、尾張国で襲われ自害した。

義朝の首は、京都に送られ獄門の樹に掛けられた。頼朝の長兄義平《よしひら》は、六条河原で斬首された。次兄朝長《ともなが》は、重症を負っていたため父義朝の手で介錯《かいしゃく》されて命を落とした。しかし、十三歳であった源頼朝は、斬られる寸前に、清盛の継母の池禅尼《いけのぜんに》の助命嘆願により命を拾った。清盛は池禅尼の訴えを聞き入れ、頼朝を伊豆国へ遠流《おんる》としたのである。

また、義朝の幼子《おさなご》三人を連れた常盤《ときわ》は、京の都を一時脱出した。幼子三人は男子だったこともあり、命の危険を感じてのことだった。しかし、清盛は三人の命を奪うことはなかった。清盛は、義朝とは異なり、子どもの命は助けたのである。

結局は、清盛のこうした行為が平家（伊勢平氏）滅亡を招くことになった。それでは、清盛は詰めが甘かったのか。否、そうではない。敵方として戦った相手にたいし、女性や子どもの命までも奪うことは、当時の常識ではなかった。なぜなら、たとえ敵であったとしても、死者の追善供養を修する者が必要と考えられていたからである。
そうでなければ、敵が無縁仏となり、この世に霊魂としていつまでも留まると当時の人々に観念されていた。それは、最悪の場合、怨霊となり、結局、勝利した側に災いとして戻ってくると考えられたのである。

因果応報

したがって、京の都に残った義朝の三人の子どもはそれぞれ仏門に入った。末っ子の源義経が鞍馬寺《くらまでら》（当時延暦寺末）に入ったことは有名であるが、義経の兄今若は醍醐寺《だいごじ》に入り（僧名は全成）、次兄の乙若は、園城寺《おんじょうじ》（三井寺）に入ったのである（僧名は円成）。

鞍馬寺から脱出した源義経の行為は、当時の常識ではなかったのである。しかし、それも因果なのである。その因果によって平家は滅んだ。まさに『平家物語』で語られる「諸行無常」である。人々は琵琶法師が語る『平家物語』を聞き涙した。

他方、『平治物語』では、常盤は清水寺に詣でて、本尊千手観音の利益《りやく》により三人の子の命が救われたとする。実際の史実は定かではない。また、『義経記』では、義経と武蔵坊弁慶との出会いは清水寺の本尊千手観音の導きによる、と語られるのである。

一連の義経の活躍は、清水寺の千手観音の利益の結果であると後世に語られた。しかし、源平合戦での源氏と平氏、どちらかが善で、どちらかが悪というものではない。すべては、因果応報の結果なのである。

ただし、平家によって鎮護国家の象徴寺院である東大寺が灰燼に帰したことで、平家の滅亡は必然と人々に観念された。それでも、源頼朝は平家の追善仏事を真摯に修し、人々は『平家物語』に涙したのである。

もう一つの因果応報

保元の乱で、源義朝は、対立した父為義の十四歳以下の息子四人を処刑するように命じた。平清盛が平治の乱で義朝の子どもたちの命を奪わなかった対応とは真逆である。この点について、五味文彦氏は、義朝が東国を基盤とする武士であったことを指摘している（『源義経』岩波新書、二〇〇四年）。東国の武士は、都の武士より厳しい現実を生きていたということであろうか。

源義経にたいしては、のちのち、兄頼朝が主となり追討命令が下されることになった。義経は姿を隠した。しかし、熊野（和歌山県）で義経の妾《めかけ》静《しずか》が捕まった。静は母磯《いその》禅《ぜん》尼《に》と一緒に、尋問のため鎌倉に送られた。

鎌倉において、静は義経の子どもを身ごもっていることが判明した。静は子どもが生まれるまで、鎌倉に抑留されることになったのである。義経の兄頼朝の命令は、生まれた子が女子だったならそのまま静に渡し、もし男子だったならば、将来の恐怖となりかねないので、赤子のうちに命を絶つ、というものであった。

文治二年（一一八六）閏七月二十九日、静は男子を出産した。赤子を鎌倉の由比浦に捨てるため、安達新三郎が静のもとに赴いた。静は子どもを抱きかかえ、そのまま伏した。そして、大声で泣き叫んだ。新三郎は、彼女を譴責《けんせき》した。見かねた静の母磯禅尼が静から子どもを奪い取り、新三郎に渡したという。

その様子を聞いた頼朝の妻政子は、子どもの命を助けるよう頼朝に嘆願したといわれる。しかし、頼朝はその嘆願を聞き入れなかったのである。あっという間の儚い赤子の命であった。

また、頼朝と対立していた木曾義仲は、人質として十一歳の長男義高《よしたか》を鎌倉に送った。頼朝は、義高を娘大姫の婿とすることに決めたが、義仲との関係が破局した際、義高の命を奪ったのは有名な話である。

その頼朝にも同じ経験があった。頼朝がまだ流人だったころ、伊豆国最大の豪族伊東祐《いとうすけ》親《ちか》の娘（八重といわれている）と通じた。八重は、頼朝の子を出産した。子どもは男子（千鶴といわれている）であった。

この出来事は、祐親が京都大番役で家を留守にしていた時であり、戻った祐親は、頼朝と八重とを別れさせた。平家（伊勢平氏）に知られることを恐れ、子どもは家臣に命じて松川の淵に沈められ殺された。祐親は頼朝の暗殺も計画したという。伊東氏は源平合戦で平家方に味方した。

このように、東国では、子どもであっても男子には厳しい対処で臨んでいたようである。しかし、女性は助けられた。静が京の都に戻る際、政子と娘大姫《おおひめ》は、静にありったけの重宝を与えたのである。静の赤子が女子だったなら、赤子は静の元に戻っていただろう。

さらに、頼朝が基礎を築いた鎌倉幕府も元弘三年（一三三三）五月に滅亡した。最後の得宗（北条氏の家長）は北条高時である。高時の母で、執権北条貞時の妻の尼覚海円成《かくかいえんじょう》は幕府滅亡後も生き残った。その他、北条氏の女性らも生き残った。幕府滅亡後、彼女らは鎌倉を出た。向かった先は、北条氏の先祖以来重代相伝の本領である伊豆国北条の地である。尼円成は、同地の北条氏宅に円成寺を創建した。

しかし、北条氏の所領はすでに没収されていた。救いの手を差し伸べたのは敵方の足利氏であった。足利尊氏の弟直義《ただよし》は、円成寺に寺領を寄進したのである。その名目は、足利氏にとっては敵方にあたる元弘以来の戦没者の追善のためであった。

尼円成らは、円成寺で生涯、高時を始め戦没者の追善仏事を修したと思われる。西国に比べて東国は野蛮と映るかもしれない。しかし、東国でも生死をかけて戦った相手の供養は大切なことと観念していたのである。頼朝は、平家没官領のうち、一部を園城寺に寄進した。その名目は、先に述べたように平家の追善供養のためであった。

地獄の時間

ところで、十六世紀、日本にキリスト教が入ってきたとき、宣教師が布教時に困ったのが、キリスト教の地獄の説明であった。「悪」はあくまでも「悪」であるとする考えが、日本人には受け入れがたかったからである。日本人には死者を徹底的に「悪」とする考えがそもそもなかったのである。

たとえ、この世で罪悪人とされ、来世に地獄に堕ちた者でも、地獄での償いをまっとうすれば、また、地獄を除いた六道の世界に輪廻転生すると考えられていた。

しかし、地獄に居る期間はとてつもなく永かった。『往生要集』では、等活地獄について次のように述べる。人間の五十年をもって、四天王の一日一夜とする。その四天王の寿命が五百歳であり、四天王の寿命をもって地獄の一日一夜とする。その地獄の寿命は五百歳である。

つまり、四天王の一日が人間の五十年なので、四天王の一年（四天王の三百六十五日×五十年）は、人間の一万八千二百五十年にあたる。四天王の寿命が五百歳ということなので、人間でいえば、一万八千二百五十年×五百年で九百十二万五千年ということになる。その四天王の寿命が地獄の一日ということなので、地獄の一日は人間の九百十二万五千年で、一年だと三十三億六十二万五千年、それが五百年続くということなので、人間の一兆六千五百三億一千二百五十万年ということになる（現代の計算）。末法思想なども吹き飛ぶ年数である。

絶望的ではあったが、しかし、地獄も抜け出せるものであった（かも）。当時の人々がこのような計算をしたとは、まったく思わないが、人々は絶対、地獄に堕ちたくないとは思ったことであろう。人々は輪廻転生を断ち切り、切に往生したいと願ったことであろう。

本書の視点

前提が長くなってしまった。本書は、こうした六道、そのなかでも三悪道について、前世・現世・来世の三世という観念との関係で考えたい。それは、中世人の思考のようなものを理解したいからである。

「中世人の思考」といっても、それは人によってそれぞれ異なっているであろう。本書は人それぞれの細かな差異ではなく、大まかな傾向のようなものを掴みたいのである。

というのも、たとえば、殺生禁断とはいっても寺院内には太鼓などが置いてあるではないか、などといわれることがある。太鼓には動物の皮が使用されているからである。しかし、それは神祇の穢れ観と仏教の思想とを混同した指摘といえよう。

仏教で殺生という行為は、何度も言うが罪業である。しかし、死体、遺体はすでに抜殻である。死体、遺体はすでに衆生ではない。衆生はすでに来世（多くは四十九日の後）である。死体や遺体を穢れとするのは、あくまでも神祇の問題である。誤解を招く恐れがあるが、仏教では、それは逆に荘厳《しょうごん》するものであった。仏舎利《ぶつしゃり》はそもそも釈迦の骨である。仏教では礼拝の対象物であった。

このように、中世の史料を読み解くには、中世人の考え方を理解する必要がある。現代人が完全に理解することは無理なような気がするが、少しでも近づくためには、やはり、仏教の基礎的な考え方を理解すべきであろうと私は思う。

源平合戦後、頼朝の最初の子どもを殺した伊東祐親は、捕虜となっていた。頼朝は祐親の命を助けようと考えた。しかし、祐親は自害してしまった（『曾我物語』などでは頼朝が殺したとする）。また、頼朝は木曾義仲の息子義高を殺した。結果、頼朝の娘大姫は心を患った。その傷は一度も癒えることなく大姫は二十歳でその生涯を閉じた。頼朝には頼朝なりの因果応報・諸行無常があった。

しかし、それは、逃れられない宿命であった。円成寺に寺領を寄進した足利直義は、兄尊氏と対立し、その十数年後命を落とした。それでも円成寺では高時の追善仏事が続けられたであろう。中世人は、すべての人間は宿業を背負っている、と真面目に考えていた。本書ではそうした中世人の思考を少しでも紐解きたいと考えている。

敵討ち

足利直義の現報

復讐

室町幕府成立後、足利直義と兄尊氏の執事である高師直《こうのもろなお》との間で抗争が勃発した。兄尊氏は師直を支持したため、兄弟の争いへと展開した。世にいう観応《かんのう》の擾乱《じょうらん》である。

観応二年（一三五一）二月十七日、尊氏・師直軍と直義軍は摂津打出浜《うちではま》（兵庫県芦屋市）で激突した。結果は尊氏軍の敗北であった。尊氏は直義に和議を申し込み、高師直・師泰《もろやす》兄弟が出家することで、その和議は成立した。しかし、京都に帰る途中、二月二十六日、鷲林寺《じゅうりんじ》（兵庫県西宮市）の前で二人は直義の家臣に襲われ一族と一緒に殺害された。

翌年、再び尊氏と直義は対立し戦った。今度は尊氏が勝利した。直義は降伏し、ともに鎌倉に入ったが、直義は鎌倉で死を迎えた。軍記物『太平記』では、直義は黄疸《おうだん》によって病死したとされるが、毒殺されたという噂もあると記している。史実は定かでないが、呉座勇一氏は、直義の亡くなった日が師直・師泰が殺害された翌年の同月同日であった点に着目し、殺された日に敵を討つ習慣があったことを指摘した（「命日の仇討ち」日本史史料研究会編『日本史のまめまめしい知識』第一巻、岩田書院、二〇一六年）。この指摘は鋭く、呉座氏が言うまさに「命日の仇討ち」であった。

呉座氏は、奈良興福寺大乗院《だいじょういん》の尋尊《じんそん》の日記『大乗院寺社雑事記《じしゃぞうじき》』文明九年（一四七七）などの記事から推察を行ったが、ほかにも「命日の仇討ち」を窺わせる史料がある。それが、鎌倉時代後期の無住《むじゅう》著『沙石集』巻第九ノ八「僻事《ひがごと》する物の報ひたる事」の次の内容である。

斬られたら、斬り返す

ある在俗の武士の下人《げにん》は、主人が親しくしている人の別の下人が所持していた乗り心地のよい馬を欲した。武士の下人は、仲間を誘い、馬の持ち主である下人を野原で夜陰に乗じて馬から引きずり落とし、縄で縛った。「どうしたことか」と馬の持ち主の下人は言った。それにたいし、武士の下人は、「主人の命令で、お前にご立腹され、首を切れ」ということだと言い放った。馬の持ち主の下人は、「何かの間違いではないか。過ちはないのに」と弁明したが、道からはずれた場所へ連れて行かれた。武士の下人は、馬の持ち主の下人をそのまま斬るつもりで、最後の念仏を唱えるように勧めた。馬の持ち主の下人が念仏を二、三十回唱えたところで、首を斬った。武士の下人らは、馬を奪って帰った。

しかし、斬られた下人は、気絶していただけだった。気がつき首を触ってみると、頭に怪我はしていたが、大事ない。馬の持ち主の下人は縄で縛られたまま、走って主人のところに行き、事情を話した。主人は、斬った下人の主人とは親しい間柄なので、すぐに事の次第を伝え、斬った二人を尋問することとなった。

結果は、馬の持ち主の下人を斬るということにたいし、これといった事情はなかろう、ということになり、斬られた下人に、襲った武士の下人二人を襲われた野原で斬れ、ということになった。襲った二人は翌日斬られた。昨晩の悪事が翌朝に報いとなって斬られたのである。因果は必ずめぐってくるということである、とこの話は結ばれている。

さらに、話は別の話へと進む。その内容は次のようである。

鎌倉でも、文永年間（一二六四〜七五）に、首を刎《は》ねられた武士のなかに、去年の二月十八日の申《さる》の時、過ちなき者の首を斬って、その者の怨念の報いを受けたのか、翌年の同じ月、同じ日、同じ時刻に斬られた、という噂があった。これは因果応報が際立った事件であり、応報の道理を深く信じるべきである、と話の結びに述べられている。

このように、無住著の『沙石集』では、斬られたら斬り返す、首を刎ねたら、刎ねた者が今度はその首を刎ねられる、という行為を因果応報として語っている。

先ほど述べた高師直・師泰の兄弟が観応二年二月二十六日に足利直義の家臣に殺害され、翌年の同月同日、直義が亡くなるということは、『沙石集』がいう「因果応報が際立った」出来事といえるのかもしれない。

二つの殺生

私が『沙石集』の二つの話で問題だと思うのは、同集が『太平記』などの軍記物語とは異なり、仏教説話であるということである。

武士の下人は、馬欲しさに別の主人の下人を斬った。しかし、斬りそこなったために、逆に斬ったはずの下人に斬り殺された。また、過失のない者の首を刎ねた男は、鎌倉で自分の首が刎ねられた。まさに因果応報である。

ただし、斬りつけた下人を斬ったことも、人の首を刎ねた男の首を同じように刎ねたことも「殺生」には変わりはないのである。しかし、こちらの殺生には、『沙石集』ではまったく言及がない。

それは、「乗り心地がいい」からと他人の馬を欲しがり、「主人が首を斬れと言った」と嘘を言って斬りつけることに、やはり正当性などないからである。また、武士であっても、過失がない者の首を刎ねてはいけないのである。『沙石集』が問題としているのは、殺生の理由であった。

理不尽な殺生を行えば、この世でその行為に対する報いを受けた。まさに「現報《げんぽう》」である。「現報」とは、そもそも仏菩薩からこの世で受ける霊験であった。しかし、平安時代以降には、この世で受ける仏菩薩の仏罰のような意味で使われていた。現報のための殺生には、たとえ実際には人の手による殺生であっても、仏教の罪業はない。なぜなら現報だからである。

因果による応報とは、実は三種類あると当時考えられていた。それらは、「現報」と「生報《しょうほう》」と「後報《ごほう》」である。「現報」は、あまりに罪が重く、この世ですぐにその報いを受けることである。「生報」は来世で報いを受けることであり、「後報」は比較的罪が軽く何回か輪廻転生を繰り返した後に訪れる報いである。

人の命を奪う理由になっていない殺生は、「現報」、つまり、あまりに重い罪と中世人には考えられていたのである。さらに、「現報」は犯した罪と同じ罪が、現世で返ってくると考えられていた。足利尊氏と直義は兄弟で対立した。和議にあたっては、高師直・師泰の出家が条件となった。しかし、直義は兄弟二人を殺害した。結果、翌年の同月同日に直義は息を引き取った。『太平記』が語る因果応報譚であり、直義が受けた「現報」である。ただし、実際の史実は不明だが、『太平記』に記された直義の死因は、病であり、しかし毒殺という噂もあると記載されている。当時の人々はこの記事をみてどう感じたか。中世人は病より、毒殺の方がましであると感じたはずである。

つまり、病で亡くなるより、人によって殺害された方がよいと考えたのである。

現　報

それでは、なぜに人によって殺された方がましなのか。その理由も『沙石集』に記載されている。巻第九ノ六「嫉妬《しっと》の人の霊の事」である。内容は次のようである。

都にある公卿《くぎょう》が愛している女性がいた。その公卿の正妻が、「殿の仰せ」と言って、その女性に車を遣わし迎え入れ、ある一室に押し込めた。正妻は、のし（当時のアイロンのようなもの）に火を入れ、懐妊している女性の腹にのしをかけた。女性の腹は膨れ、腫れて、息も絶え絶えになったところで、その女性を母親の元に帰した。母親が娘を車から抱きかかえて降ろした時、娘は息絶えた。

母はこの有様を見て、正気をなくし、そのまま走り出し、諸々の社《やしろ》に詣でて、わめき叫び、（鐘を）叩いて踊り狂った。「わが敵をわれに委ねよ」と言って、あまりの恨みで、やがて狂い死にした。母はそのまま悪霊となり、正妻に執り憑き、正妻は身体が膨れ上がり、苦病して亡くなった。その悪霊は代々その家を祟っているということだ。

また巻第九ノ七「人を殺して報ひたる事」では、次のような話が記載されている。都のある武士の郎等の下人が手鉾《てぼこ》を盗んだ。主人の郎等はそれを見つけ、柱に下人を縛りつけ、「おまえが欲しがっていたものだ」と言って、下人の身体中を手鉾の先で突き刺した。下人は「一息に首を取ってくれ」と頼んだけれど、郎等は三日をかけて、下人をなぶり殺しにした。下人は死ぬ間際、「一息に命を取らず、このようになぶり殺しにするとは何とも情けない。きっと後悔するであろう」と言って死んだ。

ちょうどその時、郎等の主人は、親が亡くなり中陰《ちゅういん》だったので、下人の罪を許すよう郎等に命じていた。しかし、郎等は承知したと言いながら、下人を殺し、それが主人の耳に入ったので、主人はすぐにその郎等を追い出した。郎等は尾張国に下り、そこで病となり、「身体中を突き刺す」と言って苦しんで死んだ。

これら二話で、女性と下人の両人は、殺されるほどの理由はなく殺害された。しかもただ殺された訳ではない。殺した側は相手を騙し、生き地獄のようになぶり殺したのである。しかも、殺害された者には、敵を討つ親族もいない。女性の母は、娘の死で物狂いになり死んだ。そうした場合、誰が殺人を犯した者に現報を与えるのか。それは、殺された者であった。つまり怨霊・悪霊となった霊であった。女性の場合、悪霊となったのは母親であった。悪霊が殺人者を殺害する。けれども霊は人には見えない。したがって、怨霊・悪霊の殺害は、人には病に見える。しかし、尋常ではない病である。女性を殺した正妻は、身体が腫れあがり死んだ。郎等は何かに全身を刺されるように苦しみ死んだのである。

霊よりも人による敵討ち

足利直義は、毒殺されたのか。毒殺されたとすれば、高師直・師泰の関係者による殺害か。ともかく毒殺となれば人が直義を殺害した現報ということになる。それとも、直義は病死か。そうすると高師直・師泰の怨霊が直義を殺害した現報ということになる。

直義にとってはどちらにせよ、現報ということになるが、それよりも中世人は怨霊を大変恐れた。なぜなら、怨霊はこの世に留まると考えられていたからである。往生もせず、かといって六道の何れかの世界に輪廻転生もしない。したがって、女性の母のように「代々その家」を祟ったのである。つまり、怨霊による敵討ちは、殺した者を殺害するだけでは済まされなかった。その家の者が代々怨霊に苦しめられることになったのである。『沙石集』で罪なき者の首を刎ねた武士は、刎ねられた者の「怨念の報いを受けたのか」と述べられているが、現報として人によって武士の首が刎ねられたことは、「怨念」を持った霊による敵討ちより、ある意味ましであった。

理不尽に殺された者にたいして、その親族は殺した相手に敵討ちをした。殺害された者の怨みを晴らさなければならないのである。親族の敵討ちは、殺害した相手に現報を受けさせ、なおかつ、殺害された者の鎮魂の意味があった。この世に未練があると、殺害された者は来世に行くことができなかったからである。そのため怨霊となったのである。

逆に現報として殺された者は、怨霊になることはなかった。なぜなら、現報は、来世に受ける苦しみを、この世でも受けることであったからである。つまり、現報として殺された者の来世は、六道のなかでも地獄道と決まっていた。来世は、地獄の獄卒たちに殺され、それが何度も繰り返されるという耐えがたい苦しみが待っているのである。

武士の殺生と堕地獄

源義家は、鎌倉時代初期頃成立の『古事談』で、地獄に堕ちたと語られている。

源義家と後三年合戦

義家は、長暦三年（一〇三九）、源頼義《よりよし》を父に、平直方《たいらのなおかた》の娘を母として誕生した。義家は、石清水八幡宮で元服したので、八幡太郎と称された。のちのち石清水八幡宮が河内源氏《かわちげんじ》の氏神となるきっかけとなったのは有名である。

奥州を舞台にした永承六年（一〇五一）から康平五年（一〇六二）までの前九年合戦で、義家は、陸奥守、鎮守府将軍の父頼義を助け、在地の豪族安倍氏と戦い勝利した。義家は、その後、陸奥守に就任し、後三年合戦となった。

この戦争は、そもそも清原（藤原）清衡と家衡の兄弟の対立から始まった。家衡は清衡の暗殺を謀ったが失敗し、ついで清衡の館を襲撃した。清衡は妻子・眷属を殺害されたが、自身の命は助かり、義家を頼った。それにたいし、家衡は、伯父武衡《たけひら》を味方にし、金沢柵《かねざわ》（秋田県横手市）で義家に対峙したのである。

義家は、金沢柵にたいし兵糧を断つという手段に出た。途中、家衡・武衡は非戦闘員の女性らを柵外に脱出させようとしたが、義家は許さなかった。柵内の人数が減ると、それだけ、食糧が減らず合戦の時期が長引くと考えたからである。

金沢柵はついに攻め落とされた。義家は逃げる家衡を殺害し、降伏してきた武衡も斬り殺した。さらに、義家は、柵内に残っていた家衡・武衡の兵をことごとく殺害した。

武衡の郎等であった平千任《たいらのちとう》は、義家にたいし、父親の頼義が前九年合戦で勝利したのは、清原武則《たけのり》に臣従していたからだ、と言い放った。義家は、千任の歯を金箸《かねはし》で砕き舌を引き出し、その舌を切り取った。千任は絶命したが、その際、義家はその死体を木に吊るし、すぐ下には主人武衡の首を置いたのである。ところが、朝廷では、この合戦を清衡と家衡との私戦と決定した。それを聞いた義家は、家衡らの首を道端に捨てて京に戻った。

この合戦の様子は、貞和三年（一三四七）成立の『後三年合戦絵巻』などで知ることが

図2　舌を引き切り，木に晒された平千任，千任の下には武衡の首が置かれている（『後三年合戦絵巻』東京国立博物館所蔵）

できる。野中哲照氏によると、『後三年合戦絵巻』は、すでに院政期に文章と絵の祖型があったという（『後三年記の成立』汲古書院、二〇一四年）。そうした系譜を引くこの絵巻に描かれた合戦の様子は、まさにこの世の地獄のような悲惨なものであった。

源頼義の往生と義家の堕地獄

朝廷における前九年合戦を戦った父頼義と後三年合戦を戦った義家の評価は、対象的であった。それは、父頼義には、朝廷から安倍氏追討の官符《かんぷ》が下されていたからである。

それにたいし、義家には官符が下されなかった。したがって、義家には恩賞どころか、後三年合戦により滞った本来陸奥国から納められる砂金の賠償が求められたのである。

義家の陸奥国での合戦は、私戦であったため、義家と坂東武士との深い関係で義家軍が戦ったような見解がかつてあったが、事実は、逆であった。私戦であったため、坂東武士を動員できずに、義家は清衡軍に頼るところが大きかった。父親の頼義は、前九年合戦で源氏を中心に坂東の武士を多く動員したことが知られるが、それはあくまでも朝廷が安倍氏追討の官符を下したので、坂東から軍事動員することが可能だったのである。

朝廷では、義家の弟義綱《よしつな》から後三年合戦の情報を得ていたようである。義綱は、のちに義家と出世争いをした。結局、朝廷では義家の合戦を「義家合戦」という私戦としたのである。清原氏の私的争いに義家が介入したというのが朝廷の判断である。

承徳二年（一〇九八）に義家は、滞納した官物を完済し、白河院と義家との関係が良好だったこともあり、御所への昇殿を許された。藤原宗忠《むねただ》の『中右記』（承徳二年十月二十三日条）は義家にたいし「天下一の武勇の士」とも述べたが、昇殿について「世人、納得していないのではないか」とも記している。当時の貴族らの建前と本音が入り混じった複雑な感情を窺うことができる。

さて、『古事談』では、頼義は極楽往生したとされているが、義家は地獄に堕ちたと語られている。この差はどこからくるのであろうか。

まずは、頼義の前九年合戦は追討の官符を得て戦った点が挙げられよう。つまり、朝廷側からすれば正当性のある戦いということになる。しかし、義家は官符を得られなかった。したがって義家の後三年合戦は、清原氏内部の争いに介入した殺生、殺戮ということになったのである。

源頼義の往生譚

正当性のある殺生、それは、武士としてある意味宿命であった。しかし、殺生が人殺しであることには変わりはない。現代人の感覚とは異なるといっても、やはり罪悪・罪業観はあった。それは源頼義の往生についても同様であった。『古事談』には次のように記載されている。

頼義は、壮年の時より心に慙愧《ざんき》なく、殺生をもって業としていた。ましてや、十二年征戦（前九年合戦と後三年合戦を合わせた合戦のこと）のとき、人を殺した罪は計りがたいものがある。因果が答えるところは、地獄の業は免れることができないであろう。

けれども、頼義は出家した後、お堂〈ミノハダウ〉を建て、仏を造り、滅罪生善の志《こころざし》が、もの凄いことは明らかであった。お堂において、頼義の悔過《けか》悲泣《ひきゅう》の涙は、床板に落ち、縁《ふち》を伝わって、地に落ちた。その後、頼義は言った。私には極楽に往生したいという望みがある、と。この望みを絶対に叶えようと、勇猛・強盛《ごうせい》の心で臨んだ。昔、衣川《ころもがわ》の館を落とそうと思った時とまったく違わない強い意志であった。頼義は、ついに臨終正念《りんじゅうしょうねん》を果たし、往生を遂げた、ということである。

頼義は血気盛んな頃、懺悔などせず、殺生をした。とくに前九年合戦では、多くの人を殺した。その行為は、因果により地獄は免れないということであった。しかし、彼は懺悔して出家し、お堂を建てた。そのお堂は「ミノハダウ」という名前である。「ミノハダウ」とは、みのわ堂＝耳納堂で阿弥陀仏を安置したといわれる。お堂の場所は京の六条で源氏邸がある場所であった。頼義は、前九年合戦の戦死者の耳を斬り、それらの耳を地中に埋めて、その上にお堂を建て死者の供養をしたのである。頼義の涙が床に落ち、それがさらに地中に落ちたということは、地中に埋められた無数の耳、つまり、死者に懺悔の涙が届いたということを意味したのであろう。

先に頼義の殺生は、官符を得た正当性のある殺生なので、地獄に堕ちなかったと述べたが、頼義の往生譚で語られる頼義が往生した理由は、そうしたものではなかった。殺生という罪に対し、懺悔して出家したからであった。そして、殺害した者の追善仏事を修したからであった。

つまり、仏教では殺生は罪であり、基本的に地獄に堕ちるものである。しかし、それを懺悔して出家し、仏に帰依することによってその罪業から救われたのである。

武士に限ったことではないが、中世人が子どもに家督を譲ったのち、出家するのはそうした理由によるのである。

源義家の堕地獄

それでは、義家の場合はどうであろうか。義家は嘉承元年（一一〇六）七月に六十八歳で没したが、『古事談』には次のように記載されている。

義家は、懺悔の心がないので、ついに悪趣に堕ちた。義家が病で苦しんでいた時、義家の向かいに住むある女房の夢に、地獄絵に描かれているような鬼形の輩《ともがら》が数人現れ、義家の家に乱入した。鬼は家主＝義家を捕まえ、義家の前に大札を持って出てきた。札銘には、「無間地獄の罪人源義家」と書かれていた、ということだ。

この話で義家が無間地獄に連れていかれたとするのは、義家の家の向かいに住む女房の夢であった。所詮《しょせん》夢ではないか、と思うのは現代人の感覚である。中世では、夢とは、人が見るものではなく、見せられるものと観念していた。それは、神仏や、人道を除いた六道の異界の者から見せられるものであったのである。したがって、夢の内容は絶対的なものであった。中世人の感覚では、確かに、義家は無間地獄に堕ちたのである。

『古事談』には、義家が地獄に堕ちたのは義家が殺生に対して懺悔の心がまったくなかったからであると記載されている。しかし、実際には、義家はすでに出家していた。出家とは、そもそも剃髪して積み重ねた罪業を懺悔し、仏道に帰依することであるので、形の上では義家も懺悔していたことになる。ただ、義家が本心から懺悔したか、しなかったか、などの心の中までは分かりようがない。

父頼義は臨終正念を果たしたと語られる。しかし、義家は病で苦しんでいる時、鬼が義家の家に乱入したと記載されている。鬼とは、そもそも死者の霊魂が形になったもの、という観念が当時あった。ということは、当時、義家は怨霊によって殺されたと考えた人々がいたことは事実であろうと思われる。

鬼の乱入が語られたことは、前九年合戦で死者の供養のために阿弥陀堂を建てた頼義と比べ、後三年合戦で私戦とされ、恩賞に与《あずか》る評価の対象にならないと、討ち取った首を道端に捨てて都に戻った義家に対する周囲の人々の評価の結果であったのではないだろうか。

「現報」とは、罪にたいするこの世で必ず受ける報いであり、懺悔など関係ないのである。逆に懺悔するような者は、そもそも「現報」など受けないともいえる。

やはり怨霊か

義家の没後、義家の子の義親《よしちか》は、出雲国で国司の目代を殺して官物を奪い取るという事件を起こした。義親を追討したのは、伊勢平氏の平正盛《まさもり》である。この事件は平氏が興隆するきっかけとなった。正盛は平清盛の祖父であったのである。義家没後から二年経った事件であった。

義親が討ち取られたことについて、『中右記』天仁元年（一一〇八）正月二十九日条には、義家朝臣が罪なき人々を多く殺したので、「積悪《せきあく》」のあまり、それが子孫に及んだのではないか、と記載されている。『中右記』の筆者藤原宗忠は、追討されての義親の死は義家の罪業が子にも及んだためであると考えた。まさに、怨霊の祟りは、敵討ちばかりでなく、その家を代々祟ったということと同じ理屈である。そもそも義家の合戦が官符を得たものであれば、「罪なき人々」を殺害したとは、当時、語られなかったであろう。

繰り返すが、源頼義は、安倍氏追討の官符にしたがって殺生した。しかし、殺生は仏教で地獄に堕ちる罪業である。したがって、頼義は懺悔して出家し、それにより往生を遂げた。それに比し、源義家の合戦は、私戦とされた。義家の殺生は、清原氏の問題に介入した結果のものと朝廷にみなされた。したがって、殺された者から敵討ちされる対象であり、鬼の乱入という現報を受けた。官符を得た合戦か、そうでないかの差はやはり大きかったのである。

さらに、義家が無間地獄に連れていかれる際には、数多の鬼が義家の家に乱入したとあるので、義家が金沢柵で残った兵も皆殺しにしたという状況が再現されたものかもしれない、と言ったら言い過ぎであろうか。

『古事談』が語る義家の堕地獄譚は、後世、とくに室町時代の足利氏などが崇拝した源氏の氏神である八幡神の始祖義家像とは異なっている。しかし、義家の死後からあまり時間が経過していない人々による義家像の一つの側面であった。

何度も言うが、武士は殺生をした。それは宿命であった。しかし、懺悔し仏道に帰依することで、往生の望みを遂げた者がいた。ただし、武士だからといってすべての殺生が許されたわけではない。理不尽と当時の人々に考えられた殺生は、現報を受けて地獄に堕ちたと語られたのであった。

『曾我物語』の敵討ちと因果応報

『曾我物語』の敵討ち

それでは、再度敵討ちについて考える。『曾我物語』は、曾我十郎祐成《すけなり》と五郎時致《ときむね》兄弟による父親の敵討ちの話である。同物語の写本で真名本と呼ばれるものがある。この写本は鎌倉時代末頃の成立で、鎌倉時代の様子をよく伝えているという。この写本を手掛かりに中世の敵討ちについて検討する。

『曾我物語』の話は、伊豆国の奥野《おくの》で鷹狩した帰りに、伊東祐親と祐親の子河津祐通《かわづすけみち》が、襲われるところから始まる。後ろから矢を放たれ、祐親は負傷し、子の祐通は絶命した。祐親は、先に述べたように、頼朝の最初の子の母親である八重の父親である。二人に矢を放った犯人は、大見小藤太と八幡三郎の二人で、工藤祐経《すけつね》の従者であった。二人を襲ったのは、所領争いに敗れた祐経が、その恨みで従者に命じたものであった。伊東祐親・河津祐通・工藤祐経は、同じ伊東氏の一族で、同族内での所領争いによる殺害である。祐親は源平合戦で平家方に味方したが、工藤祐経は頼朝側についた。のちに祐経は頼朝の側近となるのである。

亡くなった河津祐通には、二人の遺児がいた。五歳になる一万《いちまん》と三歳になる箱王《はこおう》である。二人の母親は、同じ伊東氏の一族である曾我祐信《すけのぶ》に再嫁した。文治元年（一一八五）に、一万は十三歳で元服した。父親祐信の一字をとって、曾我十郎祐成と名のった。一方弟の箱王は、父祐通の菩提を弔うため箱根権現の別当寺に入った。箱王は、まずは稚児として寺に入り、建久元年（一一九〇）に十七歳でいよいよ出家という時、寺を抜け出し、兄祐成と一緒に北条時政《ときまさ》の館を訪れ、時政に烏帽子親になってもらい元服した。その時、箱王には、時政の一字が下され、曾我五郎時致《ときむね》と名のったのである。

二人の兄弟は、父の敵である工藤祐経を討つべく、建久四年、頼朝が主催した富士野の巻狩りに参加する。五月二十八日の夜、兄弟は祐経を討った。しかし兄祐成はその時討ち取られ、弟時致は生け捕りにされたのである。

頼朝は、捕まった時致から事情を聴いた。その結果、頼朝は、時致を勇者として許そうとしたが、今度は工藤祐経の遺児犬房丸《いぬぼうまる》が泣きながら願い出たので、頼朝は時致の身柄を犬房丸に渡した。時致は首を斬られたのである。

曾我兄弟は見事に父祐通の敵を討った。しかし、弟の時致は、敵である祐経の子に討たれた。まさに、敵討ちが敵討ちを呼ぶ状態である。

因果応報対因果応報

石井進氏は、敵討ちにたいし、中世の裁判から次のような指摘をした。中世社会では証拠を揃えて訴人が訴えなければ裁判にならない。それは、殺人行為のような刑事事件も同様であったという（『中世武士団』〈日本の歴史一二〉、小学館、一九七四年）。つまり、殺人事件の場合、訴人が殺されているので、刑事事件にしにくい場合が多かったのである。それは、敵討ちのような血の復讐の慣行となんら矛盾するものではなかったという。公的裁判に解決を委ねるか、みずからの実力行使で復讐するかは当事者の意志に任されていた、というのである。

たしかに、石井氏の指摘どおりであろう。ただ、それは、今まで述べたように、中世人のなかに因果応報の観念があって可能となったのである。

しかし、一方的な理不尽な殺人ばかりではなく、殺した者にも理由があり、殺された者にも理由がある場合もあるであろう。それが殺生するほどの理由かどうかは別にして、そ

図3　曾我兄弟と虎御前の墓と伝えられる五輪塔（神奈川県足柄下郡箱根町）

れぞれの言い分があるのである。

伊東祐親・祐通親子は、祐親が頼朝の子どもを殺し、平家に与《くみ》した因果が、息子の祐通にまで及んだという見方も可能となろう。他方、祐通の子どもにすれば、所領争いで命まで奪われる筋合いはない、ということなのであろう。何が言いたいのかというと、因果応報が別の因果応報を生むということである。

父祐通の敵を討った兄弟は、その結果討たれた。とくに弟の時致は敵である祐経の子ども犬房丸に、今度は父親の敵として首を斬られたのである。

こうした、斬られたら、斬り返すという因果応報を断ち切る手段が、残った親族が仏門に入り、菩提を弔うということであった。しかし、それでも寺から出てしまう場合がある。

『曾我物語』で兄弟の母親は、敵討ちを望まなかったと記載されている。兄には再婚した曾我氏を継がせようとし、弟は仏門に入れ父祐通の菩提を弔わせようとした。しかし、母親の思いどおりにはならなかったのである。こうした因果応報を確実に断ち切るには、遺族のなかでも、男子の命を絶つということが求められたのではないだろうか。

源頼朝の最初の子どもが祐親に殺されたことも、静の子どもが頼朝の命令により殺されたことも、そうした意味合いを持ったのではないだろうか。ただ、こうした殺害は、現実には後々の憂いを払拭するためということであろうが、仏教思想的には、源義朝の現報が孫にまで及んだ、源義経の現報が子に及んだ、ということであろう。

哀れな社会のように感じるのは、それも現代人の感覚であろう。中世人はすべての人が宿業を背負っていると考えていたのである。

地獄からの脱出

『今昔物語集』の地蔵説話

地蔵菩薩と地獄

武士の生活を描いた絵巻として、鎌倉時代末期頃の成立とされる『男衾三郎絵詞《おぶすまさぶろうえことば》』が知られている。この絵巻に描かれる武蔵国の武士、男衾三郎の生活の様子は、研究者に武士の実像の一面として捉えられる場合が多い。

この絵巻には、「馬庭《まにわ》の末に生首たやすな。切り懸けよ。この門外通らん乞食・修行者らは、用ある物（者）ぞ。ひき（蟇《ひき》）目《め》・鏑矢にて駆け立て、追物射《おものい》にせよ」とあり、男衾は、家中の者は女の童に至るまで武芸の訓練に励むように求めたのであった。男衾の屋敷は、馬場の訓練の場面に続いて、門前を通る人々を摑まえたり、射ようとしたりする場面に移る。男衾は「馬庭の末に生首たやすな」と述べ、門前を通る乞食や修行者を捕ま

図４　屋敷の門外を通る人びとを捕え，弓で射ろうとしている（『男衾三郎絵詞』第11紙，東京国立博物館所蔵）

え、犬追物の犬に代る的にせよ、と命じた。さらに、「武勇の家」に生まれたならば「兵の道を嗜《たしな》め」ということであった。

この絵巻では、武士の屋敷の門前を通る人々はまさに獲物のように描かれている。こうした場面は、野性的な武士の一面として捉えられる場合が多いが、注意しなければならないのは、『男衾三郎絵詞』はあくまで観音霊験譚として制作された絵巻である、という点である。この絵巻は、後半部分が欠損しているので、どういう展開で最終的に話が結ばれるのか、推定はされているが定かでない。しかし、物語の最初の設定として、男衾の屋敷での様子は、仏教では許されない生活をあえて描いている可能性がある。

したがって、『男衾三郎絵詞』で描かれるような生活を実際に送れば、仏教では間違いなく地獄に堕ちたと考えられたのである。ただ、こうした人々を救ったのも仏教であった。十一世紀成立の『今昔物語集』には巻第十七に地蔵説話が収められている。これらの話の主人公は、「本性《ほんしょう》武勇ニシテ、邪見《じゃけん》・熾盛《しじょう》ナル事限リ無シ。敢《あ》エテ善心《ぜんしん》無カリケリ」（第二話）、「極テ武キ者ニテゾ有リケル。然《さ》レバ、常ニ合戦ヲ以テ業トス」（第三話）、「心猛クシテ殺生ヲ以テ業トス。更ニ聯《いささか》ニモ善根《ぜんこん》ヲ造ル事ナシ」（第二十四話）等と語られる者らであった。

地蔵菩薩といえば、地獄からの救済者という信仰が知られる。こうした特徴の地蔵信仰をまとまった形で語るのは、日本では『今昔物語集』が最初と言ってもいいであろう。ただし、『今昔物語集』に収められた地蔵説話は、園城寺（三井寺）上座実睿《じょうざじつえい》が撰した『地《じ》蔵菩薩霊験記《ぞうぼさつれいげんき》』を多数典拠としている。

現在、『地蔵菩薩霊験記』は、『続群書類従』第二十五輯下に収められているが、真鍋広済氏の解説（『群書解題』十八下）によると、①現存する『地蔵菩薩霊験記』中巻十話の挿話には「文和年中（一三五二〜五六）」との記述がある。②中巻十四話は鎌倉時代末から南北朝期にかけて成立した『曾我物語』の曾我十郎祐成と五郎時致兄弟を題材としている。③全巻を通じて、室町時代の語彙語法《ごいごほう》が散見している。以上の理由から『続群書類従』第二十五輯下に収められた現存する『地蔵菩薩霊験記』は、室町時代に完成したとしている。さらに、この現存する『地蔵菩薩霊験記』は、漢文体を和文体に改めて差し替えが行われており、速水侑氏は、『今昔物語集』の方が原本を正確に伝えていると述べている（『地蔵信仰』塙書房、一九七五年）。つまり、現存する『地蔵菩薩霊験記』より、『今昔物語集』の方が平安時代後期の地蔵信仰の実体を伝えているということになる。

もう一つ注目すべきは、『今昔物語集』では合計三十二話を独自に配列し直して、全体をとおしてある一つのメッセージが述べられていると考えられることである。

地蔵信仰の歴史

『今昔物語集』の地蔵説話の特徴の一つは、主人公が「在地の武士」「下人」「郎等」「女人」「神主」「僧」など、いわゆる貴族ではないということである。『今昔物語集』の地蔵説話で語られる主人公の「下人」などの身分から、平安時代の貴族社会では地蔵信仰があまり受け入れられていなかったと速水氏は指摘している。地蔵菩薩は、主に地獄での救済を説いているが、貴族社会の信仰生活は、地獄に堕ちることなど前提としていないからだというのである。確かにそうした面はあった。

八世紀成立の仏教説話、景戒《けいかい》撰『日本霊異記』下巻九話には、地蔵菩薩に関する説話が記載されている。同書に記載されている地蔵に関する説話は、この一話のみである。内容は次のようである。

藤原広足《ひろたり》は、神護景雲二年（七六八）二月十七日に死んだ。しかし、甦った。広足が言うには、暗い場所へ行き、閻魔大王の前に引き立てられ、そこで、亡くなった妻にあった。妻が言うには、広足の子を妊娠したことがきっかけで、自分は死んだのだから、広足と一緒に地獄の苦を受けたいということであった。広足は、それを聞き、自分は『法華経』を書写するなどの妻の供養をしようと言った。閻魔大王は、それを聞き、広足をこの世に戻すことにした。広足がこの世に戻る際に、閻魔大王は、「私の名は閻魔大王、おまえの国では地蔵菩薩と言っている」と述べたという。

この話は、広足が閻魔庁に堕ちた、そこから広足は蘇生した、などの蘇生譚として『今昔物語集』の話との共通性はみられる。しかし、蘇生したのは、広足のみで、妻はそのままである点と、この話の題名が「閻魔大王が不思議な様子を現して、人に勧めて善を修めさせた話」となっていて、閻魔大王＝地蔵菩薩という閻魔・地蔵一体説のような話にはなっているものの、主はあくまでも閻魔大王の話として語られている点は見逃せない。

また、奈良の春日大社第三殿の天児屋根命《あまのこやねのみこと》の本地は地蔵菩薩とされているが、古代における地蔵信仰は、他尊と同じように現世利益的な側面が強く、貴族の間では、独立尊としてそれほど信仰されていなかったようである。

図5　地蔵菩薩立像（滋賀県永昌寺所蔵）（右）と地蔵菩薩立像（奈良県伝香寺所蔵）（左）

実際に仏像などで造像された地蔵菩薩を見ると、十世紀頃までの地蔵菩薩像は、左手は宝珠《ほうじゅ》を持ち、右手は手を下に垂らし、手のひらを見せる与願印《よがんいん》という形が多い。これが十一世紀頃になると、地蔵菩薩は、左手に宝珠を持ち、右手に錫杖を持つという形に変化するのである。

地蔵菩薩像に見られるような、仏菩薩の手の形は印相《いんぞう》といい、持ち物は印契《いんげい》という。印相・印契は、仏菩薩の利益の特徴を端的に表現するものである。地蔵菩薩は、「六道能化《ろくどうのうけ》」といわれ、そうしたなかでもとくに「二世ノ利益地蔵菩薩ノ誓《ちかい》ニ過《すぎ》タルハ无《な》シ」と賞賛される。ここでいう「二世」とは、現世の人道と来世の地獄道であり、地蔵菩薩の左手宝珠、右手錫杖という組み合わせは、地蔵の「二世」の利益を表現した印相・印契ということになる。

錫杖と宝珠を持つという地蔵菩薩像の登場と、『今昔物語集』などの説話が流布される時期とはほぼ合致し、こうした信仰は、武士の台頭のような社会的変化に対応した内容といえよう。

現世利益と西方極楽往生

地蔵菩薩は、「六道能化」という六道の救済者とされ、六軀《く》の地蔵が造立されたりするのはよく知られている。いわゆる六地蔵である。『今昔物語集』でも一話だけ六地蔵が登場する。それには、「一人ハ手ニ香炉を捧げ、一人ハ掌《たなごころ》ヲ合セタリ。一人ハ宝珠ヲ持タリ。一人ハ錫杖ヲ執レリ。一人（ハ）花筥ヲ持タリ。一人ハ念珠を持タリ」（第二十三話）とある。しかし、『今昔物語集』の記載では、各地蔵菩薩が、六道のなかの何道の救済者なのかがまったく判明しない。

平安時代後期の『覚禅抄《かくぜんしょう》』などの抄物をみると、地獄道は左手に錫杖を持ち、右手に宝珠を持つ。餓鬼道は左手に宝珠を持ち、右手は与願印を結ぶ。畜生道は左手に宝珠を持ち、右手は如意《にょい》を持つ。修羅道は左手に宝珠持ち、右手に梵篋《ぼんきょう》を持つ。人道は左手に宝珠を持ち、右手は施無畏印を結ぶ。天道は左手に宝珠を持ち、右手に経を持つ、などと記載されているが、どうもこの時期は、確定していないようである。この時期の地蔵菩薩は単独で登場する場合が多く、やはり、左手に宝珠、右手に錫杖という姿である。

『今昔物語集』では、①蔵明《ぞうみょう》という僧がこの世の願いを叶えるために地蔵から宝珠を賜った（第七話）、②閻魔庁での地蔵の姿は手に錫杖を取り、亡者の赦免を祈願するための証拠文書一巻を持つ（第十八・二十八話）などと記載されているので、宝珠が今世＝人間界の利益、錫杖が来世＝地獄界の利益をそれぞれ象徴するという意味なのではないだろうか。

しかし、例外もある。『矢田地蔵菩薩縁起絵』は中世に作成された絵巻であるが、地獄で人々を救う地蔵菩薩の姿は、錫杖を持っていない（ただし、諸本によっては錫杖を持っている姿で描かれているものもある）。それは、十世紀ころの奈良矢田寺の本尊地蔵菩薩立像に、中世に入ってから地獄での救済という霊験が付加された等の理由が想定される。『矢田地蔵菩薩縁起絵』は、京都矢田寺（京都市中京区）の縁起であるが、京都矢田寺の本寺は、奈良の矢田寺（大和郡山市）である。

『今昔物語集』巻第十七の合計三十二話の地蔵説話全体の構成をみると、前半部分の第十六話までは人道での地蔵菩薩の利益を説き、後半部分の第十七話からが地獄道での地蔵菩薩の利益を説くという二つの部分から成っている（第三十話は除く）。今世の人道と来世の地獄道という地蔵菩薩の「二世」の利益を、各説話の配列そのものによって表しているといえよう（後述するが、本書では来世について閻魔庁と地獄を分けて考える）。

さらに、地蔵菩薩の救いについては、第二十九話から第三十二話の最後の四話でまとめられ、四話すべてで地蔵を信仰する者が間違いなく阿弥陀如来の西方極楽浄土に往生して話が終わっている。

つまり、地蔵菩薩の二世の利益が、最後には極楽往生に繋《つな》がるというように説話の配列自体によって示されているのである。『今昔物語集』で語られる地蔵菩薩は、色々な霊験を信仰者に施すが、最終的な利益の目的は、地蔵信仰者の極楽往生ということになるのである。

この世の菩薩

それではまず、『今昔物語集』地蔵説話の今世での話を検討してみたい。

第一話の内容は次のようである。

西の京に住む僧が、日頃から道心があり、仏道修行に励んでいた。なかでも地蔵菩薩に仕えて、「私は、この世で、生身《しょうじん》の地蔵菩薩にお会いして、必ず引接《いんじょう》（臨終の時、仏菩薩に引導されて極楽往生すること）を蒙りたい」と願い諸国を巡り歩いた。僧の話を聞いた者は、「汝《なんじ》が願い思うことは甚《はなは》だ愚かである。どうして、この世で生身の地蔵に会うことができるだろうか」と嘲り笑った。

けれども、僧は諸国を巡り常陸国に行った時、下人の家に宿をとった。その家には老婆がおり、また、牛飼いの十五、六歳の童《わらわ》がいた。そこに人が来て童をどこかに連れて行き、その後、童の泣き叫ぶ声がした。僧が老婆に事情を聞くと、老婆は、牛を飼っている主人にいつも打ち責められてこのように泣いているのだという。童は父親に早く死なれ、頼る者がいない身の上で月の二十四日（地蔵菩薩の縁日）に生まれたので、名を地蔵丸という、と言った。

僧は老婆の話を聞き、「もしかしたら、長年探しまわっている地蔵の化身かもしれない」と何とも不思議な気持ちでいた。その晩、僧の枕元に童が現れて、「私はあと三年、主人のために打ち責められるはずであったが、今、ここに泊まった僧に会ったので、よそに行くことにしよう」と消えてしまった。僧は驚いて老婆に問うたが、老婆もまた消えてしまった。

僧は、「自分は長年、この身のままで地蔵菩薩にお会いしたいと願っていた。その感応《かんのう》があり、地蔵菩薩の化身にお会いすることができた。ありがたいことです。尊いことです」と、この里の人々に話した。それを聞いた人々は涙を流して尊んだ、ということである。

この話では、最初、僧の話を聞いた者は、どうしてこの世で地蔵菩薩に会えるのか、と僧を嘲った。しかし、僧が望みを達成すると、その話を聞いた者は涙を流して尊んだという。この話の展開を受けて最後は、「そうであるから、叶え難いことであるといえども、心を発《おこ》して願えば、誰でもがこのように会えるのに、発心《ほっしん》しないが故にお会いすることができないのだ」と結ばれている。

つまり、この話は、人々にたいして仏道に帰依するよう発心を勧めているといえよう。僧は、「必ず引接を蒙りたい」と述べたとあるように、僧の願いは極楽往生であった。叶えることは難しいことではあるけれど、誰でもができる、と話の最後は結ばれているので、まずは「発心しろ」と第一話で読み手に伝えようとしていることが窺えるのである。

仏菩薩との値遇と往生

『今昔物語集』第一話のように、仏菩薩とこの世で出会うことは、出会った人の往生の機縁《きえん》になると当時考えられていた。

『続本朝往生伝《ぞくほんちょうおうじょうでん》』には、真縁上人《しんえんしょうにん》という僧の往生が記されている。真縁上人は、「目《ま》の当《あ》たりに生身の仏を見奉りたい」との願を立て、熱心に『法華経』を修した。すると、真縁上人は、「石清水八幡宮に参詣するように」とのお告げを蒙った。この話の最後は、「生身の仏とは、すなわち石清水八幡宮の八幡菩薩像であり、その本覚《ほんがく》は西《さい》方無量寿如来《ほうむりょうじゅにょらい》（阿弥陀如来）である」と述べられ、真縁上人は、「すでに生身の仏を見奉《たてまつ》ったので、きっと往生したに違いない」と結ばれているのである。

また、『後拾遺往生伝』には、興福寺荘厳院《しょうごんいん》の定実《じょうじつ》僧都の大童子として仕え、後出家して願西《がんさい》といった忠犬丸のことを、ある人が「生身の阿弥陀如来を拝見したいと思うなら、忠犬丸を見ろ」という夢告を蒙り、その話が世間に広まり、忠犬丸に結縁しようと群衆が群がったという。

先にも述べたが、夢とは仏菩薩によって見せられるものと当時は観念されていた。したがって、夢のお告げは当時絶対的だったのである。忠犬丸が入滅し、数十日たった後で忠犬丸の遺骸を見たら、その姿は生前と変わらず、髭や髪が五、六寸伸びていたというのである。

さらに、鎌倉時代の『吾妻鏡』承元四年（一二一〇）八月十二日条には、下野国《しもつけのくに》の御家人長沼宗政《ながぬまむねまさ》が地頭職を補任されたい理由として、自分は前世からの罪人であり、信濃国善光寺の生身如来に値遇し結縁し、往生したいがためである、と述べたという。信濃国善光寺の本尊は、生身の阿弥陀如来として信仰を集めていた。宗政の地頭になりたい理由は、本音か建前かは定かではないが、善光寺の生身如来に「値遇結縁《ちぐうけちえん》」したいがためと『吾妻鏡』には記され、その主張は受け入れられたのである。

仏や菩薩は本来、四聖の住人である。ただし、仏菩薩は人々を救済するため、この世に現れると考えられていた。この世の仏菩薩に出会って結縁することが、往生に繋がると当時人々には考えられていたのである。したがって、往生するためには、まずは「発心」しろ、ということが、『今昔物語集』の第一話で語られるのであろう。

この第一話を受けて、第二話では、ある意味、別の次元の地蔵の化身が登場する。内容は次のようである。

悪人と仏性

勇猛な武蔵介紀用方《むさしのすけきのもちかた》という男がいた。本性は武勇を好み、邪見の心が盛んなことは限りがなく、あえて善心というものがなかった。ところがどうしたことか、用方は急に道心を発して、地蔵菩薩に帰依した。地蔵の縁日である月の二十四日には、酒肉を絶ち、女性を遠のけ、専《もっぱ》ら地蔵菩薩を念じ、日夜に阿弥陀の念仏を唱えた。

しかし、用方の本性は、怒りが盛んであったので、ものをいう時にも、なにかにつけて怒りだした。この様子を見ていた人々は、用方を謗り笑った。しかし、用方は、怒りながらも、地蔵を念じ、念仏を唱えることは怠らなかった。

そのころ世間に阿弥陀の聖《ひじり》という者がいた。この聖が夢で「明日の暁に、小路で出会った人を自分が化身した地蔵菩薩だと思え」と告げられ、さらにその詳細が地蔵菩薩から語られた。聖は翌日、夢のお告げどおりに小路で出会った用方に、涙を流して何度も礼拝し、「我《われ》は宿善が厚くして地蔵菩薩にお会いすることができた。願うところは、我を導いてください」と言った。用方は、驚き不思議に思って「私は極悪・邪見な者である。聖はどういう故があって、私などを礼拝するのか」と聞いた。そこで、聖は、昨日の夢の内容を用方に話した。

用方は、「自分は、地蔵菩薩を念じ奉って何年にもなる。それによって地蔵がお示しになったことなのではないだろうか」と思い、ますます地蔵菩薩に帰依した。それから十数年がたち、用方は出家して入道となり、臨終にあたっては、心迷うところがなく、西に向かって、阿弥陀の念仏を唱え、地蔵の名号《みょうごう》を唱えて命絶えたということである。

先に述べたが、夢の内容は、絶対的なものであった。したがって聖は、お告げどおりに用方を礼拝した。そして、自分を阿弥陀の極楽浄土に導いてくれるよう祈願した。しかし、用方には、まったくそのような自覚はなく、自身は極悪人だと告げたが、その用方も聖の話を聞いて、「地蔵がお示しになったのか」とますます地蔵に帰依したのである。

そうはいっても、聖は、用方という人間を地蔵菩薩と間違えて礼拝したのであろうか。そうではなかった。やはり、夢は絶対的なものであった。六道の衆生は、本来、仏に成るべき要素である仏性《ぶっしょう》を持っているという。衆生は、その仏性を目覚めさせて、六道の世界から抜け出すのである。石田瑞磨氏によると、往生とは、人の「死」から、仏への

「生」ではなく、「生」の連続であるという（『往生の思想』平楽寺書店、一九六八年）。つまり、死の断絶はないということである。まさに「成仏《じょうぶつ》」、「仏《ほとけ》」に「成《な》」るである。

ただし、人がどのような仏性を持っているのか、それは本人にもわからないと、当時は考えられていた。それが、人の往生を困難にしていた理由の一つでもある。聖と紀用方の出会いは、用方の心と用方が内面に持っている仏性とが合致した瞬間ということになる。まさに、紀用方は地蔵の化身となったのであろう。

二つの化身

このように、『今昔物語集』の第一話と第二話では、二つの地蔵菩薩の化身が登場したといえよう。それらは、①人々を救うためにこの世に現れた地蔵菩薩と、②地蔵の信仰者を地蔵菩薩の化身とする、の二つである。さらに、現世における地蔵菩薩の利益とは、地蔵信仰者に自身の信仰が正しかったことを確信させるということであったのである。

その結果、地蔵信仰者はますます地蔵に帰依し、出家して西方極楽浄土に往生するということになる。したがって、『今昔物語集』第一・二話の地蔵菩薩は、阿弥陀如来の春《けん》属《ぞく》・聖衆《しょうじゅ》という役割で語られているといえよう。

また、第一話の主人公は僧であったが、第二話の主人公は極悪・邪見の人という紀用方であった。さらに言えば、第三話の主人公である平諸道《たいらのもろみち》の父親は、常に合戦をもって業とする者であった。こうした主人公から、地蔵菩薩は誰でも救ってくれるという印象を持つかもしれない。

しかし、決してそうではなかった。地蔵菩薩が救いの対象としたのは、あくまでも地蔵信仰を持していた者であった。たとえ、極悪・邪見の人であっても地蔵の信仰を持していれば救いの対象とするということなのである。つまりは、第一話と同様にここでも「発心しろ」ということなのである。

地蔵菩薩の救いの対象者は、身分云々《うんぬん》ではなく、信心があるか、ないか、なのであった。

逆縁と結縁

この世の殺生と地蔵菩薩

衆生が地蔵菩薩に救われるかどうかは、身分よりも信心であった。しかも、現代人からすると、地蔵菩薩は、信心を持たないものにかなり冷酷な対応であった。

『今昔物語集』巻第十七第三話には、平諸道の父が合戦に臨んだ話が記載されている。内容は次のようである。諸道の父は持っていた矢を射つくしてしまい窮地に陥った。その時、諸道の父は「わが氏寺の地蔵菩薩、われを助けたまえ」と祈念すると、どこからか小さき僧が現れて、諸道の父に矢を渡した。諸道の父はその矢で戦い、合戦に勝利することができたが、小僧は、背中に矢を射たてられ、姿が見えなくなってしまった。

諸道の父は、小僧の安否が気になっていたが所在がわからずにいた。そうこうして、諸道の父が氏寺に参詣すると、その寺の本尊の地蔵菩薩像の背中に矢が刺さっていた。それを見た諸道の父は、「合戦で矢を渡してくれた小僧は、わが氏寺の本尊地蔵菩薩だったのか」と涙を流して尊んだということである。

この話の最後は、「地蔵菩薩が衆生救済のために、悪人のなかに交わって、地蔵を祈念する人のため毒の矢を受けること、このようであります。したがって、地蔵を念じ奉ったならば、来世での救済も間違いないことである」と結ばれている。『今昔物語集』巻第十七第三話は、武士の本尊という地蔵信仰の特徴を端的に語っており、後世、足利尊氏らの勝軍地蔵信仰などに繋がる内容となっている。

私が注目したい点は、小僧が諸道の父に矢を渡して、その結果、諸道の父は合戦に勝利したということである。つまり、諸道の父は地蔵から手渡された矢で、相手を射殺しているのである。したがって、地蔵菩薩は、信者である諸道の父を救うため、殺生に加担したという見方も可能であろう。しかも、前章で述べたように、諸道の父の合戦の相手は、とくに敵討ちの対象者であるとか、「現報」を受ける身であるなどとは記されていないのである。

このような視点で、『今昔物語集』の地蔵説話をみると、第十三話にも注目すべき話が掲載されている。内容は次のようである。

伊勢国飯高郡《いせのくにいいだかぐん》（三重県）に下人《げにん》が住んでいた。下人は、地蔵菩薩の縁日である月の二十四日には精進して戒を受け、地蔵菩薩を念じることを長年の勤めとしていた。

地蔵に救われた者、見捨てられた者

ある時、郡司《ぐんじ》によって水銀を掘る人夫に指名されたので、下人は同じ郷に住む二人と一緒に水銀を掘る場所に行った。下人らは穴を掘って水銀を探した。すると、にわかに出入口付近が崩れて、穴が埋まってしまった。穴の奥は空洞になっていたので、全員生きていたが、絶体絶命な状態になり、皆死を覚悟して泣き嘆いていた。しかし、下人は次のように念じた。「私は数年の間、月の二十四日には精進して戒を受け、熱心に地蔵菩薩を祈念し怠《おこた》ったことはない。しかしながら、今このような災難に遭遇し、たちまちに命を失おうとしています。願うところは、地蔵菩薩、私を助け、命をお救いくださいますように」と。

すると、暗い穴のなかで、俄《にわ》かに火の光が見えた。その光は段々と強くなり、穴のなかを照らした。そこに十余歳ばかりの端厳なる小僧が

紙燭《しそく》を手に持って現れた。その小僧が下人に向かって「おまえは、速やかに私の後ろに立って、ここから出なさい」と言った。下人は恐れながらも喜んで、小僧の後に付いて行くと、しばらくして元の里に出た。小僧は見えなくなってしまった。

下人は「ひとえに、地蔵菩薩がお救いになったのだ」と思い、涙を流して礼拝していると、いつのまにか自分の家の門に来ていた。残った二人もきっと小僧の後を付いてきたのだろうと下人は周囲を見渡したが、ついにその姿は見つからなかった。

この話では、残った二人は火の光を見ることがなく、光は消えてしまったと述べる。「地蔵の加護を蒙《こうむ》るべき信心がなかったからであろう」ということであった。

つまり、水銀掘りの者らは入った穴が塞がり閉じ込められたが、下人には地蔵菩薩にたいする信心があり、他の二人にはそうした信心がなかった。その結果、下人は命を救われ、他の二人は命を落としたのである。

前述の『今昔物語集』巻第十七の第三話とこの第十三話の話をまとめると、確かに、地蔵菩薩は殺生をする武士や下人など身分を問わず救いの対象とした。しかし、それはあくまでも地蔵菩薩にたいして信仰心を持っている者に限ってのことであった。多くの願文《がんもん》などには、「普《あまね》く衆生を済度《さいど》する」などと記載されるが、まったくもって「普く」ではない。

信心を持さない者にたいして冷酷とでもいうべき地蔵菩薩の態度であった。

しかし、こうした話は、時代が下ると変化がみられる。それは「逆縁《ぎやくえん》」という言葉で語られるのである。

逆　縁

親子の間では、年齢的に子どもより親が先に亡くなり、子が親の菩提を弔い、供養をすることが圧倒的に多い。そうしたなかで、たまたま子が親よりも先に亡くなり、親が子どもの供養をすることを現代では「逆縁」と言っている。しかし、中世では、悪事が縁になって仏道に帰依する、という意味で使用された。つまり、中世における「逆縁」とは、仏教では罪業である行為をきっかけに、信仰心を持つことを意味するのである。

「逆縁」という言葉については、鎌倉時代後期ころから史料に散見され、地蔵信仰に関する史料にも、「逆縁」との記述がみられるようになる。たとえば『今昔物語集』第十七第三話の平諸道の父のような「合戦での地蔵菩薩の加護」という話は、十四世紀以降成立の『太平記』にもみられるが、その話のなかで「逆縁」と記載されているのである。

『太平記』の記事

『太平記』巻第二十四「三宅《みやけ》・荻野《おぎの》謀反《むほん》事付壬生《みぶ》地蔵事」には、南朝の武士である香匂《こうわ》新左衛門尉《しんえもんのじょう》高遠《たかとお》が京都壬生寺《みぶでら》（京都市中京区）の地蔵菩薩の身代わりによって、所司代の軍勢から逃れることができたという話が記載されて

図6　「三宅・荻野謀反事付壬生地蔵事」(『太平記絵巻』ニューヨーク市立図書館所蔵「スペンサーコレクション」より)

いる。内容は次のようである。

香匂新左衛門尉高遠は、所司代の軍勢に取り囲まれたので、壬生の地蔵堂へ駆け込んだ。どこに隠れたらよいだろうかと、辺りを見渡していると、寺僧だと思われる法師が堂の中から現れて、高遠に「そのような姿では隠れられないだろう。この念珠とその太刀を取り替えて敵を欺きなさい」と言われたので、高遠は「尤《もっと》もだ」と思って、この法師にしたがった。寄手《よせて》の兵ら四・五十人は、高遠を確かに参詣人だと思って、あえて怪しみ問いただす者はいなかった。寄手の兵らは、法師が人を斬ったばかりだと思われる鉾に血のついた太刀を袖の下に引き寄せて持ち、堂の傍らに立っていたのを見つけたので、その法師を厳重に縛り上げて、侍所へ渡した。そこで所司代の都築入道《つづきにゅうどう》は、この法師を詰籠《つめろう》に入れた。

翌日、守手が目も離さず見張り、籠の戸も開いていないのに、この召人の法師は、暮には姿を暗ましてしまった。預人がその跡を見ると、香ばしい匂いがその座に残っていてあたかも牛頭栴檀《ごずせんだん》の香りのようであった。これればかりではなく、「召人を捕えた者らの左右の手や、鎧の袖、草摺《くさずり》まで異匂に染まって、その匂いは一向に消えない」と申し合ったので、ただ事ではないと壬生の地蔵堂に行き地蔵菩薩像を拝見すると、地蔵菩薩像の御身は処々形鞭《しょしょけいべん》のため黒ずみ、厳重に縛り上げた縄が未だに御衣の上に付いていた。

地蔵菩薩である法師を捕え縛り上げた三人は、形振《なりふ》りかまわず泣き出して、罪障を懺悔するだけでは足りずに、髻《もとどり》を切って入道になり、発心修行の身となった、という内容である。

この話の最後は、「高遠は順縁によってこの世に命を救われ、刑吏が逆縁によって来世での値遇《ちぐう》を得たことは、誠に如来付属《にょらいふぞく》の金言《きんげん》に相違ない。今世・後世によく引導《いんどう》す。頼もしい地蔵の悲願である」と結ばれている。

このように、香匂新左衛門尉高遠は、京都壬生寺の地蔵菩薩が身代わりとなり所司代に捕らわれることで命を救われた。平諸道の父のように、合戦で地蔵が諸道の父の身代わりになって矢を射たてられたことと同様であると言えよう。『太平記』の話のなかで、『今昔物語集』の地蔵説話にはみられなかった点は、壬生寺の地蔵菩薩を縛り上げた者らが、懺悔して発心したということなのである。つまり、高遠にたいする利益のみならず、高遠にとっての敵方にも発心させるという利益を与えたのであった。

地蔵信仰の変化

『今昔物語集』巻第十七第三話で、平諸道の父は、合戦で窮地に陥り氏寺の本尊地蔵菩薩によって命を救われた。諸道の父は地蔵菩薩から与えられた矢で相手を倒したのである。同集十三話で、水銀掘りの下人は、穴のなかに閉じ込められたが、日ごろ信仰する地蔵菩薩が現れ、地上に導かれた。一緒に閉じ込められた地蔵など信仰していない二人は、救われなかった。二人は穴の中で命を落としたのである。

『太平記』で香匂新左衛門尉高遠は、敵に追われて京都壬生寺に逃げ込んだ。絶体絶命のところを壬生寺の地蔵菩薩が身代わりになることで、助かった。所司代の軍勢は、高遠だと思って、地蔵を縛り上げて籠に入れた。後で取り違えたことが判明し、捕まえた者らは、懺悔して仏道に帰依した。室町時代には、地蔵信仰者と同様に敵対する者も救われるというように話が展開するのである。これは平安時代後期の地蔵説話にはみられないことであった。

高遠については、『太平記』で「順縁《じゅんえん》」と記載されているので、日ごろから地蔵菩薩を信仰していたのであろう。その結果、いわゆる順当に現世で高遠は命を救われたのである。高遠と間違えて地蔵菩薩を縛り上げた者らは、「逆縁」とあることから、日ごろ、特に地蔵菩薩など信仰していなかったことが窺《うかが》える。しかし、結果、発心し仏道に帰依した。この話の結びには、「刑吏が逆縁によって来世での値遇《ちぐう》を得た」と述べられ、「来世、仏にお会いした」とあることから、彼らは、おそらく往生したものと思われる。

このように、「殺生を業」とする者が、「逆縁」によって懺悔して仏門に入るという話が鎌倉時代後期に多くなるのである。それは、地蔵信仰に限らず、中世社会における仏教信仰の一つの側面であった。

閻魔庁での救済

微妙な信心

『今昔物語集』巻第十七の地蔵説話は、前半分が現世（人間界）、後半部分が来世（地獄界）での霊験譚《れいげんたん》となっていることは先に述べたとおりである。現世の利益については前節で検討したので、次に『今昔物語集』の来世での地蔵菩薩の利益について検討したい。

同集第二十四話には、源満仲《みつなか》の郎等が来世に閻魔大王の前に突き出された話が記載されている。内容は次のようである。

源満仲の家に郎等がいた。この男は、「心猛《こころたけ》クシテ殺生ヲ以テ業」とした。さらに善根を成すことはなかった。ある時、男は鹿狩りで広い野原に行った。そこで一頭の鹿が現れた。男が鹿を射止めようとすると、鹿は走って逃げた。男は鹿を追っていると、ある寺に差しかかった。一瞬、寺の中に目をやると、地蔵菩薩像が安置されていた。これを見た男は、ほんの少し敬う心を発して、左手で笠を脱ぎ走り過ぎた。

その後、ほどなく男は病になり死んだ。すると冥途の閻魔王の前に着き、男が周囲を見渡すと、多くの罪人がいて、罪の軽重が定められ、処罰が行われていた。その様子を見た男は、目の前が暗くなり、心が迷い「悲しき事限《ことかぎ》りなし」という状態であった。

男は自分のことを振り返り、「私は一生の間、罪業のみを重ねて、善根を修めることはなかった。そうであるから、罪から逃れることはできないであろう」と思って嘆いていた。すると、たちまちにどこからか端厳な姿の小僧がやって来て言った。「私は、おまえを助けようと思う。速やかに元の国に帰って、長年積み重ねた罪を懺悔せよ」と。

男はこれを聞いて喜んだけれども、小僧に問うた。「あなたは誰ですか」「どうして私を助けるのですか」と。小僧は答えた。「おまえは私を知らないのか。私はおまえが鹿を追って馬を走らせている時、通りかかった寺でお前が一瞬見た地蔵菩薩である。おまえが長年つくった罪は、甚《はなは》だ重いといえども、ちょっとの間、私を敬う心があり笠を脱いだことによって、今おまえを助ける」と。小僧がそのように言ったかと思うと、男は現世の人界（人道）に蘇《よみがえ》っていた。

その後、男は妻に冥途でのことを語り、泣きながら地蔵菩薩を尊んだ。この男はたちまちに道心を発して永く殺生を止め、地蔵菩薩を日夜に念じ奉り、怠ることはなかった、ということである。

郎等は、「心猛クシテ殺生ヲ以テ業」としていたため、死後、地獄に堕ちかけていた。しかし、地蔵菩薩に救われ男は蘇った。先に検討した話では、殺生をするような者でも熱心に地蔵菩薩を信仰していたので、命を救われた。逆に地蔵を信仰していない者は、まったく地蔵から手を差し伸べてもらえなかった。ところが、この第二十四話で語られる郎等の信心は、どちらでもなかったのである。

郎等は熱心な信仰者ではなかった。しかし、信仰心が全くないわけでもなかった。男は、ほんの少し地蔵菩薩にたいして敬う心を発して、左手で笠を脱いだということである。ただし、それは男自身にも自覚がないほど微妙な信心であった。

慈悲深き菩薩

源満仲の郎等のような話が、『今昔物語集』巻第十七第十九話にも語られている。園城寺《おんじようじ》（三井寺）の僧浄照《じようしよう》が、三十三歳の時に病となり死んだ。「猛キ者二人」が現れ浄照を搦《から》め捕って黒い山の麓の穴に押し入れた。浄照はそこからさらに堕ちて閻魔の庁に着いた。その場所の四方を見ると、多くの罪人がいて各々「苦しみ」を受けていた。罪人が泣き叫ぶ声は雷《いかづち》のようであった。

その時、端厳な姿の小僧が現れ、浄照に告げた。「お前は、私を知っているか。私は、お前が幼少の時に、戯《たわむ》れに造った「地蔵」である。この像は、発心せずに戯れに造像したとはいえ、これによってお前と結縁《けちえん》し、日夜に私はお前を守っている」ということであった。小僧は閻魔大王に訴え罪を許してもらった。その時、瞬時に浄照は蘇ったということである。

浄照は地蔵菩薩像を造像したが、それは子どもの時に遊びで造ったものであった。発心などせずに造ったものだったのである。しかし、その地蔵菩薩像に浄照は救われたのであった。

源満仲の郎等や浄照の所業《しょぎょう》から、地蔵菩薩の慈悲深さ、さらに地蔵信仰の易行《いぎょう》性を指摘する研究者がいる。しかし、そうであろうか。なぜなら、郎等や浄照は、現世で救われず揃って地獄に行きかけているのである。

熱心に地蔵菩薩を信仰する者は、現世で地蔵菩薩に救われた。しかし、「一瞬敬う心を持った」、「発心していないけれど地蔵菩薩像を造った」程度ではやはりだめだったのである。ただし、彼らは自分の罪をまったく懺悔できないような者ではなかった。発心する要素は持ち合わせていたのである。

地蔵菩薩は、地獄に堕ちる一歩手前で、彼らに手を差し伸べた。発心するきっかけを与えたのである。蘇ってからは、彼らは現世で懺悔して熱心に地蔵信仰を修したのであった。彼らは熱心に地蔵を信仰したので、再び地獄に堕ちることはなかったと思われる。そういう意味で地蔵菩薩は慈悲深い菩薩として語られているのである。

宿業による堕地獄

源満仲の郎等は、自身の信仰心を自覚してはいなかった。浄照はとても熱心な地蔵信仰者とはいえなかった。そのため、一度は地獄の一歩手前の閻魔庁まで行った。しかし、『今昔物語集』の地蔵説話では、こうした話ばかりではなく、熱心に地蔵を信仰していても地獄に堕とされそうになる話がある。実は、こちらの方が話としては多く、より深刻である。『今昔物語集』巻第十七第十七話に次のような内容の話がある。

東大寺に一人の僧がいた。名を蔵満といった。蔵満は用事があって東大寺から京に上った。途中思いがけず登昭《とうしょう》という人相《にんそう》を見る者に出会った。

蔵満は、登昭に「自分の身の上の善悪を相してください」と頼んだ。登昭が言うには

「おまえは、仏《ほとけ》の教えを学び、立派な身分となったが、命は極めて短いだろう。四十歳を過ぎて生きられないであろう。もし、長生きをしようと思うなら、心をこめて菩提心を発《おこ》せ。私はさらに他の事の相《そう》はわからない」と言って去った。

蔵満は、これを聞いて大変悲嘆し、本寺である東大寺を捨て、笠置の洞窟に入り、菩提心を発して、苦行を勤行《ごんぎょう》した。六時に行道《ぎょうどう》して、一心に念仏を唱えた。また、常に持斉《じさい》して、毎日の晨朝《じんちょう》に地蔵菩薩の名号（宝号《ほうごう》）を一百八反《へん》唱えた。蔵満は、これを毎日の所作《しょさ》として怠ることはなかった。

ところが、蔵満が三十歳になった年の四月に、蔵満は中風の病になり、数日経ち衰弱して、魂《たましい》が身体から離れ死亡した。その時、青い衣を着た官人が二、三人やってきた。官人らは、大変怒りを成して蔵満を捕えた。そこで、蔵満は大声で叫んだ。

「私は、これ浄行《じょうぎょう》にして真実の行者《ぎょうじゃ》である。私は三業六情《さんごうろくじょう》において、過《あやま》ちを犯していない。……私は念仏を唱え、地蔵の悲願を頼《たの》みにしております。どうしてこれが無駄なことに終りましょうか。もし、私の願いが叶わないなら、三世の諸仏および地蔵菩薩の大悲の誓願《せいがん》はみな無意味なものになりましょう」と。

これを聞いた冥途の使者らは、「そうは言っても、証拠がないではないか」と言った。

蔵満は、また言った。「諸菩薩の誓願はもとより嘘はないはずである。もし私が言ったことが叶わないなら、諸菩薩の真実にして偽りのない誠の言葉は、みな虚妄の言《げん》となりましょう」と。その時、一人の小僧が現れた。姿は端厳で光を放っていた。この小僧の後ろに五、六人の小僧がいた。さらに、三十余人の小僧が現れ左右に並んでいた。この方々は厳《おごそ》かで、皆合掌をしていた。

使者らはこの様子を見て、「この僧（蔵満）は本当に大善根を積んだ人だったのだ。南方の菩薩聖衆《ぼさつしょうじゅ》、このように現れおいでになった。我々は速やかにこの僧（蔵満）を捨て去ろう」と言って、多くの菩薩に向かって合掌、礼拝して去った。

その時、上席の菩薩が、蔵満に言った。「おまえは私を知っているか。私は、お前が毎日、晨朝に念じている地蔵菩薩である。大悲の誓願によって、おまえを守ること眼《まなこ》を守るようである」と。しかし、蔵満が地獄に堕ちかけたのは、「汝ヂ流転生死《るてんしょうじ》ノ業縁《ごうえん》ノ引ク所ニ依テ、今被《いまめされ》レ召タル也」ということが理由であった。流転生死、つまり六道を何度も生まれ変わる業の縁によって、この場所、つまり地獄の入口に蔵満は召されたというのである。

さらに地蔵菩薩は、「おまえは速やかに人間界に戻り、生死《しょうじ》の界（六道）を棄てて、往生極楽の望みを遂げよ。決して、この場所に二度と来てはならない」と言った。と同時に蔵満は蘇生した、ということである。

蔵満は、真実の行者であった。しかし、来世は地獄行きであった。現世では地蔵菩薩に救われなかったのである。理由は、前世からの宿業だからであるという。蔵満は地獄の入口で間一髪、地蔵菩薩に救われ蘇生したのであった。

蔵満のように熱心な信者でも、前世からの宿業によって来世は閻魔庁に行った。こうした話は蔵満だけではなかった。

宿業は現世では断ち切れない

『今昔物語集』巻第十七第十八には、次のように記載されている。備《びっ》中国《ちゅうのくに》の僧阿清《あしょう》は、天性として修験を好み、諸々の山を廻り、海を渡って難行苦行していた。しかし、阿清が二十四、五歳の時、世の中に疫癘《えきれい》が流行し、多くの死者が出た。阿清はこの流行病を大変に恐れ、本寺に帰ろうとしたが、数日後、帰路の途中に重病となりたちまちに死んだ。一緒にいた弟子は、恐れをなして阿清を棄てて逃げた。

阿清が死後到着した場所は、多くの罪人が集まる閻魔庁であった。阿清は、その場所で地蔵に救われ、現世に蘇生した。阿清が閻魔庁に連れて行かれた理由は、「中夭《ちゅうよう》（若死に）の業縁に縛られて召された」ということであった。

第二十話には、播磨国極楽寺《はりまのくにごくらくじ》の僧公真《こうじん》が死んで閻魔庁に行った話が記載されている。公真は地蔵菩薩像を造立し、寺内にその像を安置して日夜に厚く地蔵菩薩を敬った。しかし、重い病を患い、数日病床に着いた後、寝ているような様子で息絶えた。行き先は千万の人々が責めさいなまれ、泣き叫ぶ声が雷《いかづち》のように響いていた閻魔庁であった。

公真は、閻魔庁で地蔵菩薩に救われ蘇生した。公真がこの場所に連れてこられた理由は、「輪廻《りんね》生死《しょうじ》ノ過《と》ガ、輒《たやす》ク此ヲ免《めん》ゼム」とあり、前世からの罪はたやすく許されるものではない、さらに、「汝《なんじ》前世ノ罪業ニ被レ引《ひかれ》テ既ニ此ノ所ニ被レ召《めされ》タリ」という、前世の罪業に引かれたからであった。

第二十二話には、賀茂盛孝《かものもりたか》が死んで閻魔庁に行った話が記載されている。盛孝は、人を哀れむ心があり、生類を殺すこともなく、道心が深く、地蔵菩薩の縁日である毎月二十四日には、精進潔斎《しょうじんけっさい》して仏事を営んだ。盛孝はとくに地蔵菩薩を念じ奉っていた。しかし、四十三歳の時に沐浴《もくよく》から出ると、たちまちに盛孝は息絶えた。

しかし、盛孝もまた、閻魔庁で地蔵菩薩に救われ蘇生した。盛孝は、「衆生ノ善悪ノ業、本《もと》ヨリ不レ可レ転《てんずべから》ヌ法《ほう》也」「此の男コ既ニ今度ハ決定《けつじょう》ノ業也」という前世からの宿業により来世は地獄と決まっていた。しかし盛孝は、地獄の入口で間一髪、地蔵菩薩に救われ蘇生したのである。

これらの話で、彼らはことごとく熱心な信仰者だった。しかし、宿業によって来世は地獄行きと決まっていた。彼らは、現世で地蔵菩薩に救われることはなかったのである。彼らは、来世である地獄の入口でぎりぎり地蔵に救われた。つまり、宿業は現世において地蔵菩薩でも断ち切ることはできなかったのであった。

宿業と病死

前章までに、源頼朝と八重《やえ》との子どもや、源義経と静《しずか》との子どもは、後々のことを憂いて殺されたことに触れた。しかしそれも因果応報、宿業なのであると考えられた、と私は述べた。

『今昔物語集』でも、宿業で来世閻魔庁に行った者は、「短命の相」や「若死に」などと記されていた。頼朝の子どもや、義経の子どもが、『今昔物語集』の地蔵説話の主人公のように蘇らなかったのは、現実に殺されたからである。『今昔物語集』での宿業によって地獄行きとされた者らは、現実的には、病で危篤状態に陥ったが奇跡的に息を吹き返した、昏睡状態から助かったなどの状態が、前提となっているのであろう。

また、前章で、嘉祥元年（一一〇六）七月に六十八歳で没した後三年合戦を私戦とされた源義家《よしいえ》の堕地獄について触れた。『古事談』では、義家が病で苦しんでいた時、鬼形の輩《ともがら》が数人、義家の家に乱入したという。改めて注目したいのは、義家が病で苦しんでいた、ということである。

義家は、『今昔物語集』地蔵説話のように蘇生はしないので、本当に来世地獄に堕ちたと人々に観念されたのであろう。ただし、義家のことを語る『古事談』の記事と、『今昔物語集』地蔵説話との共通性は、『今昔物語集』でも宿業によって地獄行きとされた者らは、病で死亡していることなのである。こうした病と宿業による堕地獄とは関連がある。なぜなら、往生をするにはそれなりの作法が必要である、と当時考えられていたからである。

第十七話の蔵満は、蘇生した後、九十歳を過ぎ、身に病なく、行歩《ぎようぶ》軽やかであった。命終わる時に臨んでは、兼ねてその終わりを知り、念仏を唱え、地蔵菩薩を念じ奉《たてまつ》り、西に向かって端座《たんざ》して、掌《たなごころ》を合わせて入滅した、という。往生するには、このような一連の臨終正念の作法が必要であった。

たとえ実際には病であっても、臨終にあたっては「心穏やかにして」、などの状態が往生するために必要であったのである。病で苦しんで息を引き取ったり、沐浴が終わった途端に亡くなったり（心筋梗塞カ）した場合、往生したと人々は考えなかったのである。彼らは、揃って熱心な信仰者であったからこそ、逆に宿業だと語られることになったのではないだろうか。こうした熱心な信仰者らの来世は、前章で述べた「後報《ごほう》」、つまり比較的罪が軽く何回か輪廻転生を繰り返した後に訪れる報いに当てはまるのであろう。

それにたいし、源満仲の郎等は殺生をするような人物であった。特に熱心な地蔵信仰者でもなかった。郎等は病で亡くなるが、宿業や宿縁などとはあえて語られない。郎等は地獄に堕ちて当然と人々に思われたということであろうか。

前章で、現世による怨霊の敵討ちは、周囲の人々には尋常ではない病に見えると述べた。後報も比較的罪は軽いとはいっても、罪の報いである。したがって、人々は命を全うしたとは思わずに、人生の途中で宿業による病で死んだと考えたのであった。

地蔵菩薩の利益の特徴

それでは、今まで本書で検討してきた『今昔物語集』の地蔵説話に限定して、地蔵の利益の特徴をまとめてみよう。

①たとえ殺生をするような者であっても、身分を問わず、熱心に信仰すれば、地蔵菩薩は衆生に現世で利益を施した。

②まったく地蔵菩薩など信仰していない者にたいしては、地蔵は利益を施さなかった。

③信仰しているとはとても言えないが、発心する要素を持っている者は、現世では地蔵

菩薩に救われなかった。しかし、来世の地獄の入口で、地蔵に救われ、現世に戻された。この出来事を期に、地蔵に救われた者は熱心な信仰者になった。
④現世で熱心な信仰者であったが、前世からの因縁、宿業で来世、往生できずに地獄行きとされた者は、現世では地蔵に救われなかったが、地獄の入口で、地蔵に救われ現世に戻された。その結果、戻された信仰者は往生の望みを遂げた。
以上のようになるであろうか。ここで注目すべきは、閻魔庁での地蔵菩薩の利益である。その特徴は、ことごとく、衆生を現世の人間界に戻すということであったのである。

蘇生と往生

かつて井上光貞氏は、『今昔物語集』巻第十七の地蔵説話群を検討された。氏は、これらの地蔵説話に、西方極楽浄土に往生する話がみられること、阿弥陀の念仏を唱え地蔵の名号を祈念するなどの、後々の法然による称名念《しょうみょう》仏に通じるような修し方がみられることなどから、法然や親鸞に繋がる浄土教信仰の萌芽《ほうが》と捉えられている。

宿業と輪廻転生

その一方で、氏は、先ほど検討した熱心な信仰者でも、来世で閻魔庁に召された話や、閻魔庁に召された者が現世に蘇生する話があるなかで、後述する地獄から蘇生しない女性の話などから、「地獄は必定」という罪業観、宿業観がみられることを指摘している（『日

本浄土教成立史の研究』山川出版社、一九七五年）。

しかし私は、こうした研究史のなかで、『今昔物語集』の地蔵説話に関して、末法思想と宿業観とを特別に強調して関連付ける必要はないと考えている（井上氏が同思想を強調しているわけではない）。確かに日本では、永承七年（一〇五二）を末法第一年とする考えがあった。法然や親鸞、日蓮らの鎌倉時代に誕生した宗の祖師らは永承七年から末法に入ったと考えていた。このような説が当時あったのは事実だが、末法に入る年は諸説あり、永承七年はまだ「像法《ぞうほう》の末《まつ》」であるとする説もあり、当時においても定まっていない面がある。

また、地蔵菩薩が、釈迦入滅の後、弥勒が出現するまでの五濁世界《ごじょくせかい》・娑婆世界《しゃばせかい》での済度《さいど》を託された菩薩であるという話は、地蔵の説話・縁起に記載されているのも事実である。ただし、『今昔物語集』地蔵説話全体にそうした末法と関連づけた話がみられない点は、指摘したいのである。

もともと、宿業や因果を説く輪廻転生による前世譚《ぜんせいたん》については、特に末法思想とは関係がなく、そもそも仏教では輪廻転生を説くのである。

さらに、多くの研究者の来世＝地獄道という一括した『今昔物語集』地蔵説話の捉え方に、私は問題があるように思われる。

先に検討した、宿業によって来世に地獄に堕ちるとされた者は、ことごとく地獄の一歩手前の閻魔庁で地蔵菩薩に救われ蘇生した。つまり、宿業による堕地獄とされた者は、現世で地蔵に救われることはなかった。それは、来世でも一緒であり、本当に地獄に堕ちてしまった者は、地獄で地蔵菩薩の救いにより現世に蘇生することは難しかったのである。地獄での地蔵の利益は、衆生に代って地獄の獄卒の責苦《せめく》を受ける代受苦《だいじゅく》が主で、その利益により直に地獄から脱出することはなかったのである。

したがって、閻魔庁で踏み留まった者と本当に地獄に堕ちてしまった者を「地獄」という一括《ひとくく》りにすると、地蔵の利益によって蘇生できた者もいるが、蘇生できなかった者もいるという捉え方になってしまうのである。

釈迦の輪廻

それでは、少し視点を変えて、輪廻転生について考えたい。

釈迦如来にも輪廻転生はあった。この点について有名な経典は、求那跋陀《ぐなばつだ》羅《ら》訳『過去現在因果経《かこげんざいいんがきょう》』全四巻（五巻本もある）がある。この経典は宋の元嘉二十一年（四四四）から同三十年の間に漢訳されたと考えられている。この経典の内容は次のようである。

釈迦がある時、舎衛国《しゃえいこく》の祇樹給孤独園《ぎじゅぎっこどくおん》（いわゆる祇園精舎）において弟子らに説法をした。その説法で弟子が釈迦に、過去の因縁について聞いた。釈迦はこれに応えて前世からの因縁を話したのである。

釈迦は前世において、善慧《ぜんえ》という仙人に生まれた。やがて、普光仏《ふこうぶつ》という仏が出現すると聞いたので、善慧は、持ち金をはたいて蓮の花を買い集め、普光仏を供養した。さらに、普光仏の歩む道が泥と化したので、善慧は自分が着ていた鹿皮の衣を脱いで泥の上に敷き、自分の髪を解《と》いて泥を覆い、普光仏の足を汚さないようにした。すると、善慧は将来、普光仏から成仏するとの予言を受けたのである。その後、善慧は菩薩として生まれかわり、釈迦の母となる摩耶夫人《まやぶにん》の右脇から入り、母胎に宿ったと話は進むのである。

このような内容の『過去現在因果経』は、日本においても写経されたのである。

日本における『過去現在因果経』の受容

仏教のすべての経典のことを一切経《いっさいきょう》というが、日本の古代においては、造東大寺写経所《ぞうとうだいじしゃきょうじょ》などで国家事業として写経された。奈良時代の一切経の写経は、唐の智昇《ちしょう》撰の開元十八年（七三〇）成立『開元釈教録《かいげんしゃっきょうろく》』という目録の巻第十九・二十の「入蔵録《にゅうぞうろく》」に記載された経典名に則《のっと》って行われた。同一切経の目録の入蔵録には、「過去現在因果経四巻」の記載があり、実際「正倉院文書」の中にたとえば天平二十年（七四八）二月三十日付「一切経経師等手実帳《しゅじゅっちょう》」などには、「過去現在因果経」の経名が記載されている（『大日本古文書』巻之十〈追加四〉）。

また、この『過去現在因果経』を用いて、料紙の上半分に経典の内容を絵で描き、下半分に経典の本文が書写されたいわゆる『絵因果経』も中国で制作され、奈良時代に日本でも『絵因果経』は制作されたのである。『絵因果経』は、料紙の上半分が絵なので、単純に『過去現在因果経』の倍の料紙の長さになる。つまり、『過去現在因果経』の多くは四巻本なので、『絵因果経』は全八巻ということになる。

鎌倉時代より前に制作された『絵因果経』を特に「古因果経」というが（鎌倉時代以降制作のものは「新因果経」と呼ばれる）、奈良時代に制作された「古因果経」としては、現在の所蔵者名から、上品蓮華台寺《じょうぼんれんげだいじ》本、醍醐《だいご》寺本、出光美術館本、旧益田《ますだ》家十紙本、東京芸術大学本などが知られる。

このように、日本において『過去現在因果経』の内容は、古代以来かなり知られていたと考えられるのである。

地蔵の輪廻

次に地蔵菩薩の輪廻転生について述べる。地蔵菩薩の根本経典としては、実叉難陀《じつしやなんだ》訳ともいう『地蔵菩薩本願経』二巻が有名である。この経典も『過去現在因果経』と同様に、一切経の目録である『開元釈教録』に記載があり、日本でも写経された。この経典は、地蔵菩薩の前世について語っている。

地蔵菩薩は光目女《こうもくによ》という女性だった。光目女は、自分の母親が地獄で苦しんでいることを知り、仏の前で大誓願を発したという。

光目女については、奈良市伝香寺《でんこうじ》の裸形《らぎよう》地蔵菩薩立像（元は興福寺安置、図5参照）の胎内に納められた妙法《みようほう》という尼の願文《がんもん》（安貞二年〈一二二八〉頃）に、次のような記載がある（原文は漢文だが、現代語訳すると次のようになる）。

私は、遠い昔より生死を重ねてつぶさに衆生の苦を受けましたが、いまだに未来の辺際を悟れません。たちまちにまたこのような状態です。しかし、ここに釈迦の文、仏の遺法によって、今たまたま出家の弟子に連なり、この身体に、また、私が受けた教えのなかに、受けがたき会いがたき永遠の幸を得ることができました。これは、まさに喜びに外なりません。……しかしながら、地蔵菩薩は、かつてまだ光目女という女子だった頃、たまたま出会った羅漢によって亡き悲母の苦を知り、仏像の前において大誓願を発しました。「もし、我が母を三途の苦から永離させたならば、その後、百千万億劫中の地獄・餓鬼・畜生道の罪苦の衆生がいれば、ことごとく救済し仏の存在を感じさせ、自分も正覚の弟子となる」と。私（尼妙法）の愚願は、ひとえにこの地蔵菩薩の誓願に依拠し、よって三尺の地蔵菩薩像を造立し奉ります。

尼妙法は、地蔵菩薩の前世である光目女の誓願に依拠して、願文を記した。その願文を造立した地蔵菩薩像の胎内に納めたのである。このように、地蔵菩薩の前世譚は中世をとおして知られていた。

仏も菩薩も、四聖《ししょう》の住人だが、その前世は人間であったこともあり、輪廻転生を繰り返して解脱したのであった。仏や菩薩は最初から悟りを得た存在ではない。特に菩薩は現在進行形で修行を続けながら衆生を救済する存在でもあるが、仏菩薩は、六道の衆生として輪廻転生を繰り返しながら、困難や誘惑に打ち勝って修行をし、仏菩薩となったのである。

地獄に堕ちた女人

それでは、話を戻し、地獄に本当に堕ちてしまった女人の話について検討する。『今昔物語集』巻第十七第二十七話には次のように記載されている。

越中国立山《えっちゅうのくにたてやま》で参籠《さんろう》修行する延好《えんこう》という僧がいた。その延好が参籠していた時、丑寅《うしとら》の時刻（午前二時ごろ）に影のようなものが現れて告げた。「私は京の七条あたりに住んでいた女である。自分は若くして死んで、立山の地獄に堕ちた。生きている時、祇陀林寺《ぎだりんじ》（京都市北区、のち金蓮寺《こんれんじ》に改める）の地蔵講《こう》に一、二度参詣しただけで、さらに一塵《いちじん》の善根も積むことはなかった。しかし、地蔵菩薩が毎日地獄にやって来て、早朝、日中、日没の三回、私に代って苦を受けてくださります。願うところ、聖人（延好）が私の元の家に行って、父母兄弟にこのことを伝えて、私のために善根を修し、私の苦しみを救ってくれるよう伝えてください。そうしてくれれば、生涯この恩を忘れません」ということであった。

延好は、この女が言うとおりに京の七条に行き、女の父母兄弟に女のことを話した。家族は涙を流して喜び、三尺の地蔵菩薩像を造立し、『法華経』三部を書写して亭子院《ていじいん》（京の七条坊門北、南という説もある）のお堂において法会を設けた。講師は大原《おおはら》の浄源供奉《じょうげんぐぶ》が行なった、ということであった。

京の七条に住んでいた女人は、「一塵《いちじん》の善根も積むことはなかった」とあるが、祇陀林寺の地蔵講には一、二度参加したことはあった。源満仲の郎等が、地蔵菩薩像の前で笠を脱いだだけで閻魔庁から現世に蘇生したことを考えれば、この女人も救われてもよさそうである。当時の考え方である女性だからという男女の性差別で救われなかったわけでもない。第二十八話や二十九話などで語られる女人は、地蔵の利益で現世に蘇生しているのである。

追善仏事

京の七条に住んでいた女人が、閻魔庁で地蔵に救われず、地獄に堕ちてしまった理由ははっきりしない。ただ、この話は、追善供養の功徳を説くことに主眼が置かれているので、地獄に女人が堕ちていなければ話が展開できないとはいえよう。

とはいえ、この女人も熱心な地蔵信仰者ではなかったが、地蔵講に参加したことはあったので、地獄で地蔵菩薩が手を差し伸べた。それは代受苦という女人の代わりに地蔵が責め苦を受けるというものであった。

地獄に堕ちてしまうと、堕ちた者の運命を変えることは、地蔵でも難しかったのである。それを変える力が、現世に残った者らの追善供養であった。それは、女人の「私のために善根を修し、私の苦しみを救ってくれるように伝えてくれ」という発言から窺われるのである。

この話での追善供養とは、具体的に地蔵菩薩像を造像する、滅罪の経典である『法華経』を書写する、法会を催す、ということであった。
しかし、第二十七話では、追善供養を修した結果、女人がどうなったのかは記されていない。地獄で、地蔵が女人の代わりに苦を受けてくれるだけだったのだろうか。

追善供養を修した結果、女人がどうなったのかを知る手がかりとなるのは、第三十一話である。内容は次のようである。

追善仏事と往生

大和国吉野郡に一人の住僧がいた。名を祥蓮《しょうれん》と言った。祥蓮は戒律を破り、多くの人の布施を受けたが、まったくその償いをしなかった。その罪により祥蓮は、孤独地獄に堕ちた。しかし毎日、早朝、日中、日没の三回、自分に代って地蔵菩薩が苦を受けてくれるということである。

この様子を詩にして、祥蓮は、妻の尼に夢で告げた。尼はすぐに三尺の地蔵菩薩像を造立し、『法華経』を一部書写し、吉野川の川上の日蔵君《にちぞうのきみ》の別所《べっしょ》で供養した。その日の夜、尼の夢に祥蓮が現れ、尼が修した善根の力で祥蓮は罪を逃れて、『法華経』の書写力《しょしゃりき》と地蔵菩薩の助けを蒙って浄土に行くことになったと告げたということである。

この第三十一話でも地獄に堕ちてしまった者を蘇生させて現世に戻すことは、地蔵菩薩といえども困難なことであった。そこで、そうした地獄に堕ちてしまった者の運命を変える力が、現世に残った者らの追善供養であったのである。祥蓮は尼の供養の結果、これから浄土に赴くという。つまり、往生したのである。

ただし、この話で問題だと思うことは、他の地蔵説話でみられたような、祥蓮の往生の場面がまったく語られていないということである。さらに言えば、閻魔庁で地蔵の利益によって蘇生した者は、現世で熱心に地蔵を信仰し、西方極楽浄土に往生した。つまり、地獄から浄土に赴いたのではなく、地獄の入口から人間界に戻って往生するという順番であった。地獄から現世に戻らず浄土に行くと述べているのは、この祥蓮の話のみである。

地獄からの脱出は天上界

それでは、一旦、越中国立山の地獄に堕ちた女人の話に戻そう。女人は自分の追善供養を頼んだ。現世に残された家族は、女人のため追善供養を行った。その結果はどうだったのだろうか。

先に『今昔物語集』の地蔵説話群は、実睿撰『地蔵菩薩霊験記』を多数典拠にしているが、現存している『地蔵菩薩霊験記』は、室町時代に再編纂されたものであることを述べた。それでは、参考までに『地蔵菩薩霊験記』で地獄に堕ちた女人の話はどう語られているかを確認したい。

『地蔵菩薩霊験記』では、この女人を円照坊《えんしょうぼう》なる僧の母親として語っている。円照坊の夢にこの女人が現れ、地獄に堕ちた現況を伝えるのである。女人が言うには「地蔵尊が光明を放つと鬼王は（私に）近づけず。されど、鬼王の「害」からは逃れることができるが、得脱《とくだつ》（地獄を離れること）は遥《はる》かなことである」と述べるのである。つまり、女人は地蔵菩薩の利益によって、地獄の責苦からは逃れられるが、地獄を出ることはできない、ということであった。

さらに、女人は円照にたいし、「法華三昧《ほっけざんまい》（『法華経』による二十一日間の仏事）で得られる定力《じょうりき》（禅定《ぜんじょう》の力、つまり心を乱さない力）でもって、さらに加えて地蔵菩薩像を造立供養する功徳で、永く三界苦輪《さんがいくりん》を出ると確かに伝え聞いたことがある」と述べるのである。

円照は、母親の訴えのままに追善供養を修すると、夢に母が現れた。「歓喜《かんぎ》の容顔《ようがん》は正しく光を放ち、母親は地獄から天上《てんじょう》した」と思うと同時に夢から覚めた、ということであった。

つまり、女人は、六道ではあるが、三善道である天界（天道）に転生したのである。こうした話の展開は、『地蔵菩薩霊験記』が記すところである。

越中国立山の地獄に堕ちた女人は、『地蔵菩薩霊験記』で、追善供養の功徳によって地獄から天上に転生したと記されていた。それでは、『今昔物語集』巻第十七第三十一話で地獄に堕ちた祥蓮についてはどう語られているであろうか。

地獄界から天界へ、そして浄土へ

同じく『地蔵菩薩霊験記』でどう語られているであろうか。

尼の夢に現れた祥蓮は、尼にたいし早く仏師に頼んで三尺の地蔵菩薩像を造立し、『法華経』一部を書写し、さらに、日蔵の別所で造立した地蔵菩薩像の開眼供養《かいげんくよう》をして自分（祥蓮）の菩提を弔うようにと依頼するのである。

その結果、再び尼の夢に祥蓮が現れ、「彼《か》の苦界（地獄界）を脱して、天上に生《せい》を得た。伏《ふ》して願うところ、さらなる追善の力によって西方極楽浄土へ往生する望みがある」ということであった。

『今昔物語集』では、祥蓮は尼の追善供養によって、「浄土に行くことになった」と記載されていたが、『地蔵菩薩霊験記』では、祥蓮は尼の追善供養によって、まずは地獄界から天界に生じ、そこからさらに西方極楽浄土に往生したいということなのである。つまり、地獄→天→浄土という順番である。

『地蔵菩薩霊験記』では、女人と祥蓮はともに地獄から脱出することができた。しかし、それはあくまで六道のなかの天界であり、地獄から直に西方極楽浄土に往生したものではなかったのである。さらに言えば、来世地獄行きとされた者が閻魔庁で現世に蘇生したという話とは異なり、地獄界に堕ちた者が地獄界から人間界に戻ることはなかった。次の転生先として天界に生じたのだった（この点は、章を改めて後述する）。

なぜに女人と祥蓮の話について、室町時代に編纂された『地蔵菩薩霊験記』の記事を確認したかというと、私は、地獄に堕ちた衆生が、地獄から直接浄土に往生したという平安時代後期の史料をみたことがないからである。

地獄と地蔵の利益

女人や祥蓮のように地獄に堕ちてしまったという話と、地獄行きとされた者がその入口の閻魔庁で地蔵菩薩に救われ今世に蘇生したという話の違いは重要である。なぜなら、地獄からは、浄土に往生できなかったからである。しかし、当たり前と言えばそうなのだが、人間界で臨終を迎えて浄土に往生する話は、寺社縁起や説話集、絵巻、往生伝、貴族の日記などに散見される。

繰り返すが『今昔物語集』巻第十七地蔵説話群の全体の特徴は、現世と来世の地蔵菩薩の利益が最後には西方極楽浄土への往生に結びつくという構成になっている点にある。『今昔物語集』の地蔵説話群が語る今世は人間界、後世は地獄界なのであろうが、来世については、正確には地獄界ではなく、地獄に堕ちる一歩手前の閻魔庁で地蔵が衆生を蘇生させるというものが圧倒的であった。これも繰り返すが、本当に地獄に堕ちてしまうと、そこからの往生は不可能であったからである。

『今昔物語集』地蔵説話で、閻魔庁で地蔵の利益によって人間界に戻ったことを、「蘇った」「蘇生」などと記載するのは、人間界から人間界に輪廻転生したのではなく、あくまで、人間界に戻るという現世の延長線上のことであり、戻ってからは、地蔵信仰を熱心に修し、来世は西方極楽浄土に往生したのである。

さらに、本当に地獄に堕ちてしまった場合、地獄での地蔵の利益は、地獄の衆生に代って苦を受ける代受苦であり、地獄から人間界に戻すことはなかった。宿業や宿縁により決《けっ》定《じょう》した来世に本当に入った場合、その運命から離脱させることは地蔵菩薩の利益だけでは絶望的であった。

実際に地獄に堕ちてしまった者は、その者の信心のみでは、地獄からは抜け出せなかったのである。そのため、現世に残った人々の信心が必要であった。人々の追善供養の助力を得て、地獄に堕ちた者は、地獄から脱出したのである。しかし、それは、地獄にいる時間を短縮し、さらなる来世に輪廻転生することであった。後述するが、多くは地獄界の次の来世は天界であったのである。つまり、六道の最下位から最上位への転生である。

中世において、合戦によって戦没者の追善供養を敵味方問わず熱心に修したのは、戦没者の霊がいつまでもこの世に留まることなく往生してほしいと願ったのみではなく、仮に来世、地獄に堕ちたとしても少しでも早く地獄から離脱してほしいと切に願ったからでもあったのである。

以上のように地蔵菩薩は、たとえ「殺生を業」とするような者でも救った。しかし、考えてみれば、閻魔庁でも多くの罪人が泣き叫ぶなかで、地蔵は説話の主人公のみを救いの対象とした。つまり、地蔵が救わなかった者もいたのである。それは現世の話と一緒で、地蔵菩薩は自身をまったく信仰しないような者、発心する可能性のない者には手を差し伸べなかったのである。つまり、現報を受けるような理不尽な殺生を行い、懺悔もしないような者を救う地蔵菩薩の話は『今昔物語集』の地蔵説話群には一話もなかったのである。

畜生道の衆生

愛欲と殺生

袈裟を着た猟師

鎌倉時代後期の無住著『沙石集』巻第四ノ三には、武士の出家について記されている。それは次のようである。

時代が下った現在（鎌倉時代後期）、人は賤しくなり、智恵、行徳のある人は稀であると言われている。上古《じょうこ》の昔には、やんごとなき聖人、智者も多かった。その理由を考えると、在家と出家、その道は異なるが、在家＝武士の存在が大きいということである。

昔の武士は、心武《たけ》く、奢《おご》れる振舞もあった。さらに、武士は王位を奪わんとし、将軍の名をも汚そうとした。平将門《たいらのまさかど》は平親王《へいしんのう》と言われ、畠山重忠《はたけやましげただ》は鎮守府将軍《ちんじゅふしょうぐん》の地位を心にかけていたと言われている。けれどもこのような武士の親類・血縁者で家を出て仏道に入った者は、皆智恵も深く、修行も激しく、器量も優れ、志も大きかった。

近ごろの人は、度量もなく、ただ世の中にしたがい、諂《へつら》い、名誉もおしまず、恥をも知らず、形どおりに身命《しんみよう》を継ぎ、妻子を養えれば世の中に不足の思いもない。このような在家の子息のなかで、それでも一人前で、頼りになる者を選んで家を継がせようとし、選び終わった後に、「くづの捨て者（屑《くず》のような捨て者）」を法師にして「乞食でもせよ」という。

こうした者に、仏道のためでもなく、解脱させようとするわけでもなく、智者を選んだのでもなく、器量を確かめたわけでもなく、剃髪させて、袈裟を着せている。彼らが頼もしいわけもなく、そうしたなかで、仏道修行に励み、智恵もある僧がいることが、不思議でありがたいことである。

経のなかに「私（釈迦）の滅後、飢餓のために出家し、戒を守る者が多いだろう」とある。これは、菩提心もなく、生活の手段として出家の姿になる人のことである。経にはこうした者のことを「禿居士《とくこじ》」（禿《は》げた俗人）と名づけ、または、「袈裟を着た猟師」とも言っている。

『沙石集』の著者無住は、以上のように近年の出家について述べているのである。

職業としての出家

無住は、かならずしも武士を否定していない。武士は、心が武《たけ》（猛）く、振舞も乱暴であり、王位を奪おうとしたり、将軍の名を汚そうとしたりしたこともあったが、そうした気構えの者の一族は、出家して仏門に入っても、智恵が深く、修行も熱心に行い、器量も優れ、志も高いというのである。

しかし、近年の武士は、定まった家業を形どおりに継ぎ、妻子を養えれば不満もなく、しかし、度量もない。そうした家の子息のなかで、一番優れていると思われる子を跡継ぎにするので、さらに残って仏門に入ってくる者は、屑のような者であるという。屑のような者は、食い扶持《ぶち》として仏門に入ってくるので、菩提心はない。無住はこうした僧を「禿げた俗人」、「袈裟を着た猟師」と呼んで嘆いているのである。

無住のこのような言は、先に検討した前九年の合戦を戦った源頼義の往生の場面と重なる部分がある。

『古事談』には、頼義は出家した後、滅罪生善の志《こころざし》がもの凄いことは明らかであった。また、頼義は極楽往生の望みがあり、この望みを絶対に叶えようと、勇猛・強盛《ごうせい》の心で臨んだ。昔、衣川《ころもがわ》の館を落とそうと思った強い意志とまったく違わなかった、などと語られている。

頼義は、合戦で多くの殺生を行ったが、一旦出家すると、まるで戦に臨むような強い決意で仏道を修し、往生の望みを遂げたということである。まさに、無住が述べる武士は、心武く乱暴ではあるが、その一門の者が出家すると、熱心に仏道を修し、優れた者が多かったということと通じるものがある。

それでは、無住は武士を否定しないとすれば殺生をどう捉えていたのだろうか。

愛欲の戒め

『沙石集』巻第四ノ二「上人の妻に後れたる事」には、「生死の業」や「流転の因」について述べられている。無住は、その根本は淫心や愛欲によるとしている。つまり、淫心・愛欲が煩悩の根本であるというのである。

財宝をいくら貯めても飽き足らない心や、財宝を貪《むさぼ》る貪欲が深いのは、多くの場合、妻子を養おうとするためであるという。したがって、その原因は愛欲にあるとするのである。

この愛欲は、臨終の際にも妄念《もうねん》が止まず、愛執が忘れられないので、出離《しゅつり》の妨げとなり、悪趣に堕ちて永遠の苦を受けることになるとする。また、我が身よりなおも大切な妻子があると、恩愛の奴隷となって使われ、父母や師長への恩に報いることもなく、仏法僧（仏法）を敬い供養することもなく、身よりのない孤独の者に慈悲を施すこともないという。

さらに、殺生・偸盗《ちゅうとう》（盗み）・邪淫《じゃいん》・妄語《もうご》・貪瞋《とんじん》・嫉妬《しっと》・愚痴《ぐち》・放逸《ほういつ》の人の過失は、すべて愛欲を原因とすると無住は述べているのである。

つまり、無住は愛欲を否定し、その延長線上に殺生があるのである。

このように、無住は愛欲を徹底的に批判する。愛欲は、不浄であり、無常であり、怨妬《えんと》であり、毒蛇のようで、怨家《えんけ》に譬《たと》えられる。徳を破壊し、仏道の妨げとなり、楽しみを少なくし、災いは多い。したがって、無住は、愛欲を誹《そし》り厭《いと》うべきであると述べるのである。

無住は、愛欲による殺生を非難しているが、考えてみれば、先に検討した敵討ちは、所領争いをきっかけとした。無住が述べるところの愛欲を根本とする殺生といえるのかもしれない。

検非違使別当・源経成の石清水八幡宮参詣

ところで、『古事談』巻五―八には、源経成《つねひら(なり)》が検非違使別当だったころの話が収められている。経成は、後冷泉《ごれいぜい》天皇の永承五年（一〇五〇）九月から康平七年（一〇六四）十二月まで検非違使別当を務めた。『古事談』の内容は、経成が石清水八幡宮に参詣した時の話である。

経成が検非違使別当だった時に、中納言が欠員となった。経成は、中納言になることを祈願するために石清水八幡宮に詣でて、神主に「自分は強盗百人の首を刎ねた者です。この功労により中納言に任命されるよう祈願して欲しい」と頼んだ。

神主は、「わが神は殺生を禁断し放生《ほうじょう》を宗《むね》としている」と断る。しかし、経成は、「殺生禁断のことは託宣《たくせん》の文に明らかである。ただし、その託宣に国のために殺さなければならない者が現れた時は殺生禁断の限りではない、とある」と述べ、神主が祈願すると経成は中納言に任じられた、ということである。

類似した話は、『続古事談』二―四十四や『十訓抄《じっきんしょう》』十―七十五などにもみられる。これらの編纂物で問題にされているのは、殺生そのものではなく、経成の罪悪感のなさ、残酷さである。国のための殺生は、検非違使別当である限りある意味逃れられない宿命であり、殺生という行為自体が問題視されている訳ではないのである。

『十訓抄』では、石清水八幡宮への祈願だけではなく、経成が検非違使別当であった時、獄舎の近くで火災があった話を伝えている。獄舎の近くで火災があり、経成の部下が獄舎に入れられている者を逃がすように申し出ると、経成は「帝《みかど》の敵ともいうべき者である。天が罪を知らしめているのだから、どうしてその責めから逃れることができようか。許して出すことはできない」と答えた。獄舎の者はついに焼け死んでしまった。

『十訓抄』はこの話の後で次のように述べる。「経成は命失う時、獄舎で焼け死んだ者の声が耳にまとわりついているように聞こえて、臨終の際に心安らがなかった」とある。つまり、経成は臨終正念の作法が行えなかったのである。おそらく地獄に堕ちたのであろう。まさに、経成は、獄舎で焼け死んだ者から現報を受けたのである。この話は「法の理《ことわり》」といいながら、無下《むげ》に慙愧《ざんき》なき心の程、罪深く覚ゆ」と結ばれている。

経成は検非違使別当なので殺生は「法の理」である。しかし、「法の理」と言って経成のまったく懺悔しない心が罪だと『十訓抄』では述べられているのである。

生きる業と殺生

こうした殺生の捉え方は、無住の考え方と共通点がある。無住は武士を否定しない。無住は、殺生を行うという行為は逃れられないとしても、その後の在り方、つまり、仏道の修し方を重視するのである。『沙石集』巻第五本ノ三に次のようにある。

たまたま人間として生まれたからには、仏道修行を成すべきである。健康な肉体を保ち、仏法の真理をまっとうしようと思うならば、「世間の治生産業《じしょうさんごう》、みな仏法の助けとなりて、道業《どうごう》（仏道を修すること）を成すべし」と。

つまり、人として生を受けたからには、仏道を修すべきであり、そのためには健康な身体を維持しなければならず、「世間の治生産業」＝世俗の生業、生きるための業は仏法の助けとなり、仏道修行を成し遂げることに繋《つな》がるというのである。

また、『沙石集』巻第九ノ七では次のようにも述べる。我が身を大切に思う人は、罪障を慎み、生死を離れ、浄土に生まれて、昔、殺した生き物をも導かねばならない。それらの生き物は何世にもわたる恩人である。生ある物を苦しめ殺してはならない。仏は殺生を戒めている。仏の教えを信じる者は、その教戒《きょうかい》に背いてはならない。

無住が述べるところの「生き物は何世にもわたる恩人である」とは、人は流転生死を繰り返して現世の人間界に生まれたことを前提としている。無住は、生きる術《すべ》として、人を含めすべての生き物は殺生すると考えている。だからこそ、殺生を戒めているのである。また、ここでの殺生とは人を殺すことのみではなく、畜生も六道の衆生なのでその対象となっている。無住は、畜生を殺して食べることについても「心のままに」、「安楽」のための殺生は戒めるべきとする。したがって、愛欲のための殺生は許されるはずもなく、生きる手段としての殺生とは明確に区別しているのである。そうは言っても、仏は、理由はどうあれ殺生を戒めている。だからこそ、罪障を慎み、懺悔することが非常に重要であると位置づけるのである。

鮎を捕る僧

平安時代末期、白河上皇は、嘉保三年（一〇九六）に出家して法皇になると、「殺生禁断」策を広く施行した。白河法皇の「殺生禁断」策については、苅米一志氏の著書に詳しい（『殺生と往生のあいだ』吉川弘文館、二〇一五年）。『沙石集』巻第七ノ八には、白河法皇の殺生禁断についての話がある。

白河院の治世下、天下に殺生を禁じられて、禁を破る者がいると、重科《じゅうか》に処せられていた。その時、ある山寺の僧の母が歳をとり、生活が貧しく物を食べられず苦しんでいたが、母は魚がないと何も食事ができない癖があった。世間では「殺生禁断」なので、魚を売買しておらず、僧はどうしてよいかわからず、たちまちに母の命が絶えてしまうことを悲しく思って、心の赴くままに桂川に行って、慣れない魚捕りをしてみた。すると少々の鮎が捕れた。しかし、役人に見つかり引っ立てられて、院の御所に連行された。

「世の中で殺生が禁じられていることは明白なのに、しかも法師の身なりで袈裟まで着ながら、このような悪行を企てるとは、返々《かえすがえす》不思議である」ということであった。僧は「我が身はどのような罪に服そうとも、母の命が少しでも延びることが自分の願いである。この魚はもはや生き返るはずもない状態なので、母のところに届けて、一口でも食べた旨を聞きましたら、どのような罪でも受けることができますので、覚悟の上で恨みはありま

図７　殺生を禁止する人びと（『石山寺縁起』第２巻第７段，石山寺所蔵）

せん」と奏上して涙をこぼした。（法皇は）事情を聞き哀れに思ったのか、僧は解き放たれた、ということである。

この話は、僧の母親にたいする孝養として語られている。したがって、僧の殺生を咎めることはない。以上のように無住は、愛欲による殺生と、生きる術による殺生の二つの殺生を区別して述べるのである。生きるための殺生については、無住は必ずしも否定しないのである。しかし、殺生が罪業であることには変わりはない。僧は、殺生は罪であることを自覚しながらも、母親のために鮎を捕った。この話ではこうした行為を「孝養」として語っているが、殺生は罪業であることをあくまでも前提としている点は念頭に置く必要があるのである。

愛欲と畜生道

人と畜生との違い

　無住は、殺生について、人ばかりではなく、畜生の殺生についてもある意味同レベルで語っている。人も畜生も同じ六道の衆生なので、救いの対象である衆生の殺生は戒めているのである。

　ただし、人道と畜生道とでは、同じ六道でも違う世界である。六道とは言っても人道は善道とされ、畜生道は、餓鬼道、地獄道とともに悪道とされる。それでは、人と畜生とは何が異なると中世人は考えていたのであろうか。

　その点について、まずは、鎌倉時代後期から南北朝時代にかけて活躍した兼好法師の『徒然草《つれづれぐさ》』から考えたい。いわゆる遁世者《とんぜいしゃ》の文学である（世俗的な話も多いが、それらの話も含めて遁世者の書である）。『徒然草』第百二十八段には次のようにある。

土御門《つちみかど》雅房《まさふさ》大納言は、学識が優れ、立派な人で、近衛大将にもなるのではないかと思われたころ、亀山法皇の近習である人が「ただ今、あさましいものを見た」と申されたので、法皇が「何事か」と問うと、「雅房卿が鷹に餌をやろうとして、生きている犬の足を切っていたのを、垣根の穴から見てしまいました」と申したので、法皇は、雅房のことを疎《うと》ましく、憎く思って、日ごろの様子とは違《たが》うということで、昇進させなかった。あれほどの人が鷹を飼っていたとは思わなかったが、犬の足を切ったことについては証拠のないことであった。虚を申したことは残念であり、このようなことを法皇にお聞かせし、憎ませる思いをさせた。法皇の御心はどれほどのものであろうか。

大方《おおかた》、生きる物を殺し、傷《いた》め、闘わせて、遊び楽しむ人は、畜生が互いに傷つけあっているのと同類である。万《よろず》の鳥・獣、小さき虫までも、気にかけてその有様を見ると、子を思い、親を懐かしみ、夫婦で連れ添う。また、妬み、怒り、欲多く、身を愛し、命を惜しむこと、偏《ひとえ》に愚かであり、そのことは人よりもさらに甚だしい。

とはいえ、彼ら（畜生）に苦しみを与えて命を奪うことは、大変痛ましいことであり、すべての衆生を見て、慈悲の心がない人は人倫《じんりん》（人）ではない、ということである。

『徒然草』では、土御門（源）雅房は、人格者として知られていたという。しかし、密かに鷹を飼っていた。しかも、雅房は、生きた犬の足を鷹の餌にしようとしていたというのである。このことが発覚し、雅房は近衛大将に任じられなかったということである。犬の足を鷹の餌にしようとしたことは、虚言《そらごと》であったというが、兼好は、畜生を殺し、傷つけ、闘わせたりする人は、畜生と同類であると述べる。さらに、兼好は畜生について、よく観察すると、畜生は、子を思い、親を懐かしみ、夫婦で連れ添うというまさに人と同じであると述べる。しかし、妬み、怒り、欲が多く、自身を愛し、自身の命を惜しむということは人よりも甚だしいということである。

兼好が述べる「自身を愛し、自身の命を惜しむ」とは、先にみた無住が愛欲の結果、「臨終の際にも妄念が止まず、愛執が忘れられずに出離の妨げとなり、悪趣に堕ちる」と述べたことと共通する。兼好が述べる畜生とは、人の性格とほぼ同じであるが、殺生を行い、欲が人よりも勝るとする。それは、人と畜生との違いこそあれ、無住が述べる愛欲を原因とするということなのだろうが、こうした欲が人よりも勝っているのが畜生なのである。

さらに、兼好は重要な指摘をする。それは、衆生にたいし、「慈悲の心がない人は、人ではない」ということである。

慈悲の心

「慈悲心がない人は人ではない」ということに関しては、無住著『沙石集』巻第五本ノ四にも記載がある。それは次のようである。

昔、二頭の鹿の王がいた。一頭の王は、身は金色で五百頭の鹿を率いていた。この鹿王は、釈迦の前世である。もう一頭の王は、同じく五百頭の鹿を率いていた。この鹿王は提《だい》婆《ば》達《だつ》多《た》（釈迦の従兄弟ともいわれるが不詳。後に出家するが釈迦と敵対した）の前世であった。ある国の王が狩りをして、一日に多くの鹿を殺すことを釈迦の鹿王は不憫に思い、国王に「毎日一頭の鹿を献上するので、食事となさってください」と申し上げた。国王は承諾した。

順を追って日々鹿を献上していたが、提婆達多の鹿の群れに子を宿した鹿がいて、その鹿に順番がまわってきた。母の鹿は子を思う気持ちが深く、「私は順番を免れない身でありますが、子は順番に当たっていない。子どもを産んでから自分を国王に差し出してください」と提婆達多の鹿王に申し上げた。しかし、提婆達多の鹿王は、「誰でもが命は惜しい。順番が来たら、国王のもとに参れ」と怒った。母の鹿は、釈迦の鹿王のところへ行き、このことを嘆くと、釈迦の鹿王は哀れんで、母の鹿を帰らせ、自らが身代わりとして王宮に参った。

釈迦の鹿王は金色なので、人々はすぐにそれが鹿王だとわかり、国王に鹿王が参っていることを告げた。国王は、「もう鹿が尽きたのか」と尋ねると、釈迦の鹿王は、事情を話し、「慈悲によって苦しみを救う。この功徳は量りしれない。もし人として慈悲を持たなければ、虎や狼と何ら区別がない」と申し上げた。国王は驚き「私は畜生である。人の頭をした鹿といえる。汝《なんじ》は、本当は人である。鹿の頭をした人といえる。慈悲をもって人とする。その姿でもって人とはしない」と言った。国王は鹿王を帰し、永く殺生を止めた、ということである。

この話は、平安時代の仏教説話集『三宝絵《さんぼうえ》』上巻にも所収されているが、無住が重視するのは、やはり「慈悲」である。慈悲がなければ人ではなく畜生である、ということなのである。兼好が、慈悲心がなければ人倫ではない、と述べたことと同じといえよう。

また無住は『沙石集』巻第六ノ五で、次のようにも述べている。「心ありて、人の心を守るべきなり」、つまり、人は心があるので、人の気持ちに心すべきであるという。さらに、万事に配慮がないのは、畜類と同じという戒めがある。説法の目的は、「他生解《たしょうげ》」と言って、人の心の有様を理解し、人を仏法に入れ、人が菩提心を発《おこ》すようにすべきである。

人の心に響かず、時宜に合わない説法をしてはならない、ということである。

説法に臨むにあたっての心構えのようなことを述べた話だが、無住は、相手に配慮がないのは畜類と同じであると述べている。つまり、人と畜生との違いは何か。畜生は、人よりも欲が深く、相手（衆生）にたいして慈悲の心に欠けると兼好や無住は考えていたのである。

畜生道に堕ちた人々

畜生は、人よりも欲が勝り、衆生にたいし慈悲の心に欠けると考えられていた。しかし、それは畜生ばかりではなく、人であっても欲深く、他人にたいして慈悲の心がなければ、来世に畜生に転生したと考えられたのである。

馬に転生した母親

『沙石集』巻第七ノ十「祈請《きせい》して母の生所《しょうじょ》を知る事」には、貧しい娘の母親が馬に転生した話が語られている。

京の都に貧しい母と娘がいた。都に住み続けることができないので、縁を頼って越後国に下向して、生活をしていた。しかし、生まれついての宿命で、どこに住んでも貧しく過ごした。娘は以前都に住んでいた念仏者と連れ合いになっていた。しかし、あまりにも安定しない暮らしぶりを見て、念仏者が女房（娘）に言うには、「このような心苦しい暮らしよりは、都ならば何とかして過ごせよう」と京の都に行くことを誘った。

女房は母親と離れることを嘆いて聞き入れなかったので、念仏者はついに母の尼公に「このように女房を苦労させるよりも、都は住み慣れた所だからこれほどの苦労はないだろうと、女房に「二人で上京しよう」と申しましたが、あなたと離れることを嘆き申して、聞き入れてくれません」と言った。母は「どんなに貧しくても一緒にいたいものです。しかし、独《ひと》り独《ひと》りになったとしても安定した暮らしがしたいので、何としても上京してください」と言った。しかし、娘は聞き入れなかった。

母は「どうやっても最期には別れなければならないこの世なのだから、このような田舎住まいをして、心安《やす》らがない場所で、皆で苦労して暮らすよりも上京なさってください。離れていても、都であなた（娘）が安心して暮らしていると思えば、私の心は慰められるでしょう。そうなれば、親孝行というものです」と申したので、娘は泣く泣く念仏者と上京した。その後、母と娘はお互い訪ねることもなく、田舎なので都に便りも届かず、娘は明け暮に母のことを言っては泣いていた。

そうこうして、娘は清水寺に参詣し、「母の安否だけでも教えてください」と祈った。

すると数日後、仏の感応があり、夢のお告げがあった。「お前の母はお前と別れたことを嘆くうちに病気になり、ほどなく死んだ。今は栗毛《くりげ》ぶちの駄馬となり、京の都にいる。宿所はしかじかの所である」と示された。娘は、お告げどおりに宿所に行き馬のことを聞いた。宿所の主人が不審に思って娘に事情を尋ねると、娘は清水寺のお告げのことを泣く泣く話した。

主人は娘を気の毒に思い、その馬を捜したところ、昨日鎌倉へ向け連れて行ったと下人が申した。そこで主人は「別の馬を遣わし、その馬を連れて帰れ」と急ぎ使いを下した。使いは、近江国四十九院《しじゅうくいん》（現在の滋賀県犬上郡豊郷町）という宿（東山道の宿場）で追いついた。使いは馬を連れて帰ろうとしたところ、その馬は急に病となり死んでしまった。使いは驚いたが、手ぶらでは帰れないので、馬の頭を切って持ち帰った。

娘は馬の食物《じきもつ》を心をこめて用意して、日を数えて待っていると、空しくも馬の頭だけを持って使いが帰ってきた。娘はその馬の頭を袖で覆い、声を惜しまず泣いた。それを見聞きした者は、他人事ながら袂《たもと》を絞るほどもらい泣きした。娘はその頭を持って帰って墓を建てて供養した、ということである。

この話で、母親は何故に娘と一緒に上京しなかったのかは定かでない。それはともかく、この話では、母親や娘には非がないような内容である。しかし、母親は転生し畜生である馬に生まれ変わった。無住はその理由を「人の親の子を思う痴愛《ちあい》の因縁」によるとしているのである。

つまり、母親は娘との別れを嘆くあまり、愛執が忘れられず、悪趣に堕ちたということになるのであろうか。

子が親を食べる

親が子どもを盲愛し、子に執心すると、親は畜生道に堕ちたと中世では考えられた。親が子に執心するあまり、親は周囲が見えず他人にたいする配慮が欠けるということになり、他人にたいする慈悲の心にも欠けるということに繋《つな》がる。延いては、それは子どものためにもならず、本当の意味で親の愛情ではないということなのであろう。そうしたことを「痴愛」というが、痴愛は、「愚痴《ぐち》」と「貪愛《どんあい》」からなる煩悩とも考えられた。無住はこの痴愛も愛欲から生じると理解しているようである。

『沙石集』巻第七ノ十には、貧しい娘の話に続き、唐の国清寺《こくせいじ》僧拾得《じっとく》と寒山《かんざん》（ともに生没年未詳）の話が掲載されている。拾得と寒山の二人は、ある在家の人から接待を受けた。二人は、人々が酒を飲み、肉を食らって楽しみ遊んでいる様子を異様に笑ったので、主人も客人も興ざめしてしまった。

その様子を後日師僧から咎められた拾得は「どうして笑ったりしましょう。前世における親らの子にたいする痴愛の因縁によって畜類の身に生まれ変わり、今は食物となっていることを、親とも知らず、喜び、遊び戯れ、楽しんでいたことが、あまりに悲しくなり、寒山と二人で泣いていたのを、彼らの拙い眼には笑っているように映ったのです」と申した。

（人が畜生に転生したことを）知っているか、知らないか。縁が近いか、遠いかの違いこそあれ、こうした行為は、かつての父母を殺して食べているようなものだ。平等の慈悲を起こし、孝養の深い志を鼓舞して、衆生を救い助けなければならない。生き物たちを苦しめることはあってはならない、ということであった。

このように、痴愛により人は畜生に転生した。したがって、畜生は、前世に人の親だった可能性があるのである。つまり、人が畜生を食することは、自分らの父母を殺して食することにもなりかねないのであった。

痴愛と畜生

無住は、先に述べた貧しい娘の話を次のように結んでいる。

人の親が子を思う痴愛の因縁によって、多くの者は悪道に堕ちて苦を受ける。人は神通力がないのでこのことを知らない。前世の恩人・師匠をあるいは殺し、あるいは苦しめることは愚かである。この貧しい娘は、孝養の心が深かったので、仏に祈ってかつての母親のことを知った。人は一人一人、生を受けるたびに父母がいる。その恩があっても、生まれ変わるたびに生を隔てているので、かつての父母がどのような姿で、どのような報いを受けているのかを知らないでいる。

『梵網経《ぼんもうきょう》』には、「すべての男子は自分の父である。すべての女人は自分の母である。我々は生まれ変わるたびに必ず父母のおかげで生を受ける。したがって、六道の迷える生き物は皆、我らの父母である。それ故に畜生を殺して食すことは、自分の父母を殺して食すことである」と説いている、ということである。

こうした畜生を自分の親とすることは、『往生要集』第六「引接結縁の楽《いんじようけちえん》」に「生処《しよしよう》相隔《あいへだ》つときは、六趣・四生、いづれの処《ところ》なるを知らず。野の獣、山の禽《とり》、誰か旧《もと》の親を弁《わきま》へん」とあり、無住が述べるだけではなかった。

無住は畜生の殺生を戒めている。しかし、考えてみれば、先に『沙石集』では、僧は母の延命のために鮎を捕ったと語られていた。無住はこの殺生を罪であることを前提にしながらも、否定していない。実は無住が否定する殺生とは、生きるための殺生ではなく、拾得の話のような饗宴のため、つまり、快楽を求めるような殺生である。それは、止《とど》めることができる殺生であったのである。

畜生の殺生

無住は必ずしも畜生の殺生を否定しない。しかし、仏教では殺生とは、理由はどうあれ罪である。すると、仏教思想的にはどう解釈されるのであろうか。その点について考えたいのだが、まずは、『沙石集』巻第二ノ十「仏法之結縁不レ空事《ぶっぽうのけちえんむなしからざること》」の話を検討する。

馬・牛・犬・蛤

四天王寺（現大阪市）の近くの海に小さな蛤が生息していた。その蛤が波に打ち寄せられて浜に上がった。稚児がこれを見つけて、金堂の前に持っていった。そこで蛤は仏舎利《ぶっしゃり》賛嘆《さんたん》の声を聞いて、死んだ後、四天王寺の犬に生まれ変わった。

犬は四天王寺で飼われていたので、常々お経や陀羅尼《だらに》を読む声を聞き、その功徳によって牛に生まれ変わった。牛は『大般若経《だいはんにやきよう》』六〇〇巻を写経するための料紙を背負わされたので、その功徳によって、馬に生まれ変わった。馬は、熊野詣《くまのもうで》に行く人を乗せた功徳によって、柴燈《さいとう》（神前や仏前で篝火をたくこと）をたく者として生まれ変わった。

この者は常に火の光を人に照らしていたので、自身の業が消え、今度は高野山奥院《おくのいん》の承仕《じようし》という役目の僧に生まれ変わった。さらに僧は日々の修行により高野山検校《けんぎよう》（寺の事務を監督する者）に生まれた（「柴燈をたく者」になるか、「承仕という役目の僧」になるか、「高野山検校」になるかは、人として生まれた後の問題だと現在では思われがちだが、中世身分制社会のなかでは、職業も前世の業《ごう》によると考えられる場合があった）。

この話は、そもそも高野山の検校を務めた覚海《かくかい》（建保五年〈一二一七〉に高野山の検校になる。貞応二年〈一二二三〉没）の七生《しちしよう》（七回生まれ変わること）を記した物語なのだが、ここでは、蛤→犬→牛→馬→人という順序で生まれ変わった点に注目したい。蛤から馬までは、同じ畜生なのであるが、蛤→犬→牛→馬までの生まれ変わりの順番は、畜生のなかにも上下関係のようなものが存在していたことを窺わせ、その点に関しては大隅和雄氏も指摘している（『信心の世界、遁世者の心』、中央公論新社、二〇〇二年）。現代の私たちでも、蛤は下等で、蛤より犬・牛・馬が高等であるという感覚は理解できる気がする。大枠で

「畜生」に括れても、種によってその扱いが違い、順位が存在したのかもしれない。また、蛤→犬→牛→馬という順序は中世の動物に対する価値観が反映されたものであろう。いずれにせよ、蛤は畜生のなかでも下であったようだ。

それでは、中世人はなぜ、蛤を下と考えていたのであろうか。詳細はわからないが、おそらくその姿・形であろう。

蛤と野槌

『沙石集』巻第五ノ三「学生《がくしょう》の畜類に生まれたる事」には、それを窺《うかが》わせる次の話がある。比叡山に学僧が二人いた。同法であり、年齢も気立てや振舞いも、万事、違うところがない。学問も同じ師僧のもとで修めたのだった。何についても同じような様子であったから、二人は約束して言った。「我々は同じ房に住む同法である上、行いが万事同じなのだから、来世の転生先についても同じ果報を受けることであろう。だから、どちらかが先に死んだら、必ずその転生先を告げることにしよう」と、よくよく約束したのだった。

その一人が亡くなり、夢の中で告げて、「私は野槌《のづち》というものに生まれ変わった」と言った。野槌というのは、めったにお目にかかれない獣《けだもの》である。深山に稀にいるということである。形は大きく、目、鼻、手、足がなく、ただ口ばかりある生き物で、人を捕まえて食べるという。

これは、ひたすら仏法を名利のために学び、論議の勝敗を争い、怒りを起こしたり、恨みを抱いたり、奢《おご》り高ぶり、他人に勝とうという気持ちで学問をするので、心の修行ができておらず、妄情《もうじょう》（迷いの心）の思いが強い。そのようであるから、口ばかりは達者になるが、智慧の目もなく、持戒という足もなく、信心という手もなく、このように恐ろしい物に生まれたに違いない、ということである。

野槌というのは、現代ではツチノコということになるのであろうか。いわゆる空想上の動物である。

さて、学僧は熱心に学んだ。しかし、それは、論議などで他人に勝つためであった。したがって、相手に腹を立てたり、妬んだり、優越感に浸ったりした。つまり、学僧の学問は、他人に勝つためであり、菩提心を求めるためではなかった。その妄情の心により、学僧の来世は野槌という畜生であったのである。

学僧は一見すると非常に優秀であったが、仏道を修する本質を理解していなかった。したがって、「智慧の目もなく、持戒という足もなく、信心という手もない」という野槌となったのである。

『沙石集』巻第五ノ八「学生なる蟻《あり》と蟎《だに》との問答の事」には、アリとダニが学僧のように問答する話も記載され、そこにも野槌について語られている。先に無住や兼好は、人と畜生との違いを欲が人よりも勝り、相手にたいする慈悲心がないと述べていたが、逆に言えばその他は人と一緒ということでもある。したがって、中世人の感覚では、畜生どうしの会話もあったのである。それはともかく、アリとダニのどうしようもない内容の問答について、それでも野槌よりかはマシであるとこの話は結ばれているのである。

このように、口ばかり大きいという野槌と蛤の姿とは、重なる部分がある。つまりは、中世人にその姿から蛤、つまり貝は、智慧、戒、信心が他の畜生よりも、さらに劣っていると思われていたことを窺わせるのである。

馬・牛・犬

それでは、馬・牛・犬はどうであろうか。『徒然草』第百二十一段には次のようにある。

養《やしな》い飼うものには、馬・牛がある。繋《つな》がれて苦しそうであることは痛《いた》ましいけれど、なくてはならないものなので、どうしようもない。犬は、警護をする人よりも勝っているところがあるので、必ず飼うべきである。しかし、犬は家ごとに飼われているので、ことさらに馬や牛のように探し求めて飼わなくてもすむであろう。その外《ほか》の鳥・獣《けだもの》は、すべて用なきものである。走る獣は、檻《おり》に入れ鎖で繋がれ、飛んでいる鳥は、翔《つばさ》を切られて籠《かご》に入れられ、鳥が空を自由に飛びたいと願い、獣が野山を走りたいと望む悲しみは、止むことがない。その思いは、我が身のことだと思えば耐えがたく、心ある人は、獣を檻に入れたり、鳥を籠に入れたりして楽しむことがあろうか。生を苦しめて、目を喜ばせることは、傑《けつ》・紂《ちゅう》が心と同じである（中国夏《か》の傑王と殷《いん》の紂王のこと。両者残虐な暴君とされた）。王子猷《しゅう》（中国晋《しん》の王義之《おうぎし》の子）は、鳥を愛していたが、鳥が林で遊ぶのを見て、逍遥《しょうよう》の友とした（歩くときの友とした）。王子猷は鳥を捕まえて苦しめることはなかった。およそ、「珍しき禽《とり》、あやしき獣、国に育《やしな》はず」という文（出典は『書経』の旅獒《りょごう》）にもある、ということである。

馬や牛を繋いで飼うことについて、兼好は人の生活になくてはならないものなので仕方がないと述べている。また、犬については番犬として是非飼うべきであるとする。犬は家ごとに飼われているので、馬や牛よりも手に入れるのが容易《たやす》いという。また、『徒然草』百八十三段では、「人を突く牛は、角を斬り、人に咬みつく馬は耳を斬って、それぞれの標《しるし》とする。標を付けないで人を傷つけるのは、主《ぬし》（飼い主）の咎《とが》である。人を咬む犬は養い飼ってはならない。これらは皆、咎がある。律（律令）以来の禁《いましめ》である」と述べる。馬・牛・犬の飼い方、心構えのようなことを兼好は述べているのである。

馬・牛・犬は中世人の生活にとっては欠かせない重要な家畜であった。したがって、これら三種の畜生は、明確に他の畜生とは扱いが異なっていた。人にとって特別な存在なのである。

ただ、他の畜生については、檻や籠に入れるなどして楽しんではならないという。それは、先に土御門雅房が鷹を飼い、生きている犬の足を餌にしようとした識言を記すなかで、畜生に苦しみを与え命を奪うことは、大変痛ましいことであり、すべての衆生に慈悲心がない人は人倫ではない、と述べたことと同様である。人の快楽のために「生を苦しめて」はならないのである。

以上のように、馬・牛・犬と他の畜生とは同じ畜生でも区別があった。蛤は当然、その他の畜生に含まれるが、そのなかでも下位の畜生と中世人に観念されていたと思われるのである。

殺生の肯定

蛤に関しては、鎌倉時代に成立した『古今著聞集《ここんちょもんじゅう》』の「東大寺春豪房《しゅんごうぼう》并《なら》びに主計頭《かずえのかみ》師員《もろかず》蛤を海に放ち夢に愁訴を受くる事」にも計二話の記載がある。要約すると次のようである。

東大寺の春豪房という僧は、伊勢海の一志浦（現三重県）にて海人が蛤を取っているのを見て、哀れみの思いをなしてすべての蛤を買い取り海に放った。春豪房は、たいそうな功徳を成したと思いながら眠りについたが、その夜の夢に、たくさんの蛤が集まって「私たちは、畜生の身を受けて、どうしたらこの身を抜け出したらよいかを知らない。たまたま、伊勢神宮二宮の御前にお供え物となることにより、得脱できたはずなのに。上人（春豪房）が余計な哀れみを成したので、また、蛤という重苦の身として出離《しゅつり》の縁を失ってしまった。悲しい。悲しい」ということであった。上人は夢から覚めて大いに悲しんだ。

主計頭師員（中原師員）の話は、師員が市《いち》で売っていた蛤を毎月四十八匹買い取って海に放っていたが、ある夜師員の夢に、これらの蛤は畜生の報いを受けたが、たまたま生死を離れ得脱できそうだったのに、このような所業によって、なお蛤の身として苦しみから離れることができなくなった、というのである。

これらの話は、浦島太郎が亀を助けた昔話の蛤版とでもいうべき内容である。しかし、蛤の命を助けたことが功徳へとは結びつかない。蛤にとっては、伊勢神宮へのお供え物になることこそ功徳だというのである。それは、蛤にとっての死である。その理屈は、畜生である蛤の身体を離脱させたい、ということなのである。

蛤の言い分としては、最下層の畜生の身分を、死を迎えることで転生して抜け出せるということなのだろう。したがって、転生する機会を失い、また蛤として生き続けなければならない、余計なことをしてくれたものだというのが蛤の意見なのである。これは、仏教における殺生を肯定することにも繋がりかねない思想である。しかも、畜生をむやみに殺したり、苦しめたりしてはいけないという先にみた『沙石集』や『徒然草』の話とも矛盾する。これはどういうことなのであろうか。

神仏習合と殺生

『古今著聞集』の話は伊勢神宮が採り上げられているが、当時は神仏習合思想のもと仏と神を分離して考えることはできない。たとえば、主計頭師員は、毎月四十八匹の蛤を買って海に返していたが、四十八という数字は、阿弥陀仏の四十八願に準えていると考えられる。なぜなら伊勢神宮の二宮の本地は、阿弥陀仏とされる場合が多いからである。

仏教では、殺生はあくまでも罪業である。しかし、神道の祭祀では、畜生の肉が供御《くご》される。つまり、仏の戒律と神の祭祀とは矛盾することになる。この矛盾を解決する理屈が、先に述べた伊勢神宮の蛤に関するような話なのである。

したがって、殺生についての伊勢神宮の話は、他の神社等でも記されている。殺生仏果《ぶつか》観を説くとされる諏訪大社について記した『諏訪大明神講式《すわだいみようじんこうしき》』（十四世紀頃の成立）という史料がある。それには次のようにある。

吾《わ》ガ大明神、内ニハ菩薩ノ行《ぎよう》ヲ秘シ、外ニハ霊神ノ形ヲ現ス、不殺《ふせつ》ニシテ殺生シ、化《け》無クシテ物ニ化《めぐ》ム、縦《たと》ヒ殺業ニ依テ、牢獄ノ苦ヲ受クト雖《いえ》ドモ、コレヲ以テ 患《わずらい》ト為サズ。只、逆縁《ぎやくえん》ヲ結テ、菩提《ぼだい》ノ因ト成サシム。（原文は漢文体）

諏訪大明神は、「霊神」の姿をしているが、内には「菩薩の行」を秘しているという。その諏訪大明神は、牢獄の苦を受けようとも殺生の業を引き受けるという。しかしそれが患いにはならないというのである。その理由は、衆生の「菩提の因縁」を成すためであると述べるのである。それでは、なぜ、殺生が「菩提の因縁」となるのか。『諏訪大明神講式』はさらに次のようにも述べている。

神通ヲ以テ 諸《もろもろ》ノ業類《ごうるい》ヲ見ルニ、六趣《ろくしゅ》ノ中、愚癡深重《ぐちじんちょう》ノ者、一切禽獣魚虫《きんじゅうぎょちゅう》ナリ。生死《しょうじ》ヲ流転《るてん》シ出離ノ期《ご》無シ。

つまり、畜生は「出離ノ期無シ」とされるように六趣（六道）を抜け出すことができないというのである。それは、行き着くところ、仏縁がないということになる。つまり、六道を脱する可能性も畜生である限りほとんどないということである。神（＝仏）が語る殺生は、お供え物になることにより、畜生の身を絶たせて仏界へと近づけさせる功徳ということになる。つまり、仏縁を持たせるきっかけを与えることになるのである。そういう意味で、伊勢神宮のお供え物となる予定であった蛤が「どうしたらこの身を抜け出したらよいのかを知らない」、「出離の縁を失ってしまった」と述べたと記載されていることは重要で、仏縁がないということは、畜生であるが故の業だと中世の人々に観念されていたのである。

先に、人と畜生との違いについて、畜生は欲が人よりも深い、衆生にたいし慈悲心がないなどと述べたが、それはそうなのだが、人道を善道とし、畜生道を悪道とするのは、「仏縁」があるか、ないか、が決定的な差であったのである（これについては後述する）。

畜生の殺生と逆縁

神仏習合思想のなかで、神による殺生の話は、『沙石集』（巻第一ノ八「生類を神に供ずる不審の事」）にもみられる。それは、次のようである。

ある上人が社頭に参籠《さんろう》し、社内を見ると海中の魚類が供えられていた。神の本地は仏・菩薩である。慈悲を先とし、人にも殺生を禁ずべきはずなのに、この有様は大いに不審である。上人は先ずこのことを祈請《きせい》すると、次のような示現《じげん》を被った。「これは因果の理を知らず、いたずらに殺生して救われない者が、我（神）に供えようと思う心によって、殺生の罪を我に譲って、その者の罪を軽くし、殺される生類は、寿命が尽きて何となく捨てる命を、我に供えられる因縁によって仏道に入る方便となる。よって我が力により、寿命が尽きようとする魚類を集めさせている」と。この示現により上人の不審はたちまち晴れた。信州の諏訪、下州の宇都宮は狩りを宗《むね》とし、鹿・鳥を手向けるのもこのような理由による。大権《だいごん》（仏・菩薩の仮の姿）の方便は、凡人の知るべきところではない、とうことである。

この話は、神の本地は仏・菩薩で、畜生の殺生は「捨てる命」を神に供えることによって仏道に入れさせようとする手段であるという。この話も殺生に関しては、先に見た諏訪大社の話と同じ理屈といえよう。

ここで語られる畜生の「捨てる命」とは、仏道に帰依しないで命が尽きることである。つまり仏縁がないということである。したがって、畜生が「お供え物」になることで、仏の縁を作るきっかけとするということである。しかし、殺生の肯定とはいっても、当時それは、仏との関係のみ肯定された。したがって狩猟民の殺生は必ずしも肯定されていなかったと考えられている。

さらに言えば、神に供えようと思う心により、殺生の罪を神に移行させ、殺生する者の罪を軽減させると述べ、あくまで軽減であって罪であることを否定していないのである。『諏訪大明神講式』には、殺生について逆縁と記している。逆縁とは、前章で述べたように悪事が縁となって仏道に帰依することを意味する。つまり、殺生＝悪という観念が前提になっているのである。

畜生の殺生は、中世では必ず供養（神仏へ供ずる）を伴った。狩猟民はこの畜生の供養をとおして、仏縁を結んだのである。狩猟民はそれが生業である以上、殺生を止めることはできなかった。したがって、畜生を殺生する度に仏と縁を結んだ。つまり、逆縁である。畜生にとっては、神仏への捧げ物になる。繰り返すが、それは、あくまでも畜生が仏と縁を結ぶきっかけとなるのである。畜生を殺生することの肯定には、こうした理屈が必要であったのである。

無住は、生きるための殺生は必ずしも否定しなかった。畜生に関しては、こうした畜生に仏縁を結ばせる、畜生の身を離脱させるという前提となる理屈があったのである。

したがって、『沙石集』巻第七ノ十一話で語られていた「子どもを溺愛した因縁によって畜類の身を受け、今、食物《じきもつ》となっているのを、親の肉とも知らず。喜び、遊び戯れ、楽しんでいる姿があまりに悲しい」という欲望による畜生の殺生とは、明確な差があったのである。

しかし、それでも畜生を殺生することの罪業観は払拭できなかった。先に検討した母のために鮎を捕った僧の話も、殺生を罪業とした上で僧は鮎を捕った。このように、畜生の殺生はあくまでも逆縁であったのである。

畜生の来世

神仏と殺生との関係は、狩猟を生業とする者にとってこそ、切実な問題として捉えられていたのかもしれない。『古今著聞集』で蛤を採取する海人にとって「神への供御」とは、自らの行為を正当化するものである。

そういう意味で、『沙石集』に記載された四天王寺の近くの浜辺にいた蛤は、稚児の手により金堂にもたらされた。したがって、神と殺生との関係が語られることはないのであろう。この話が殺伐としていないのは、そういう理由によるのかもしれない。

さて、蛤に関しては『沙石集』（巻第二ノ十「仏法之結縁不空事」）に次のような話も掲載されている。

この世の蛤が仏の説法を、（池の中から出て）草の根に纏《まと》わりつかれながら聞いていた時、牛飼いの者が現れ、蛤の存在に気づかずに杖の先で突いて殺してしまった。蛤は、仏の説法を聞いた功徳によって忉利天《とうりてん》に生じ、神通によって諸天と一緒に仏所に詣でている、ということである。

現代の私たちでも、普通に歩いていて虫などを踏みつけることがあるに違いない。その時、私たちに殺生をした自覚はない。したがって、私たちは日々罪を重ねていることになる。しかし、この話では、杖で突かれた蛤も仏の説法を聞いていた仏縁によって忉利天（帝釈天の住処）という六道でいう天界に生じることができた。めでたし、めでたし、なのだが、例として挙げられているのが蛤というところに、畜生のなかでも蛤は、何か軽く扱われている気がする。

また、「草むらに蛤？」と思ってしまうが、このことについては、『沙石集』の同話の注（小島孝之校注・訳新編日本古典文学全集五十二、小学館、二〇〇一年）で「『如善見律論《にょぜんけんりつろん》』。『経律異相《きょうりついそう》』四十八には同話を引く」と述べられ、草のなかに蛤がいるというのは仏典に依拠しているという。すると、本文で検討した蛤観は、大陸からの影響を考慮する必要があるのかもしれない。

ともかく、この話で私が重要だと思う点は、蛤が「忉利天《とうりてん》に生じ、諸天と一緒に仏所に詣でている」ということなのである。前章で、地獄に一旦堕ちてしまうと地獄から浄土に往生することはなかったと述べた。地獄に堕ちた人々が地獄から転生したのは、天界であった。六道の最上界ではあるが、あくまで六道に転生したのである。その点が、実は地獄界と畜生界とは共通するのである。つまり、畜生から浄土に直接赴くことはなかったのである。

さらに、狩られる畜生については、神仏の供え物となることが大切であったと述べたが、馬・牛・犬はそういう人の食べ物にはならなかった（多くの場合）。その理由は、中世人の家畜であったからである。その意味でも、馬・牛・犬と他の畜生とは大きく異なっていたのである。

畜生の敵討ち

畜生の貪り

畜生には仏縁がないと述べたが、それは、どのような理由からであろうか。

『徒然草』第五十八段には次のようにある。

「道心があれば、どこに住んでも構わない。家庭にあって世俗の人と交わっても、後世を願うことに何の差し障《さわ》りがあろうか」と言うのは、まったく後世のことを知らない人である。本当にこの世を儚《はかな》み、必ず生死《しょうじ》を出ようと思うならば、何が面白くて、朝夕君に仕え、家庭を顧みるというようなことに気が進もうか。心は縁に惹かれて移り変わるものなので、閑かでなければ仏道修行はむずかしい。

その器量が昔の人に及ばず、山林に入っても、餓えをしのぎ嵐を防ぐ工夫をしなくては生きてゆけないのだから、たまに、世を貪《むさぼ》るに似ることも、場合によっては仕方がない。だからと言って、「遁世するかいなし。それくらいなら、なぜ世を捨てたのか」などと言うのは、無下なことである。さすがに、一度、仏道に入って世を厭《いと》った人は、たとえ世俗の望みがあったとしても、勢いにのっている人の貪欲の多さには似ても似つかない。紙の衾《ふすま》、麻の衣、一鉢の食べ物、藜《あかざ》の羹《あつもの》、これらの物に少しばかりでも人の物を費やすであろうか。求める生活必需品は得やすく（たかが知れているので）、その心はすぐに満足するであろう。出家者という姿にたいして、恥ずかしいと思う欲があったとしても、悪は遠のき、善に近づく望みは俗人よりも多い。

人と生まれた証《あかし》としては、どのようにしてこの世俗を遁れようとするか、という事こそ、あるべき姿である。偏《ひとえ》に、貪ることをもっぱらにして、悟りの道に趣かない人は、万《よろず》の畜類と何ら変わるところがないのではあるまいか。

この話は、兼好が述べるところの遁世者の在り方、心構えである。器量が、昔の人には到底及ばないのだから、山林修行をしても、最低限生きるための生活必需品はなくてはならない。それを求めるのが世間を貪っているように見えても、そのことで遁世者を非難するのは筋が違うということである。兼好はさらに述べる。「人として生まれたからには、どのように世俗を離れるかという姿勢こそあるべき姿である。貪ることを専らにするのは万《よろず》の畜類と変わらない」と。

ここで述べる「世俗を離れる」とは当然、仏道修行をすることであり、畜生は欲にまかせて貪るので仏道修行に入れないということであろう。これは人と畜生との違いであり、先に検討したとおりである。

人の皮を着た畜生

このように、兼好が述べるところは、無住にも窺《うかが》うことができる。

『沙石集』五本ノ三には、「形だけでも仏法を学んだら、仏と縁を結んだと言える。しかし、名利の心で仏法を学ぶ時は、仏法はそのまま世俗の営みに堕する。出離を願う修行者でも、道具や衣食の資縁や、住まいとその資材の蓄えがなくて、どうして生きられよう。人の身は、資縁を欠いては維持できないものである。生れ落ちた人間界という世界の助けを借りる必要がある」と述べるのである。

無住は、世俗を離れようとする修行者でも仏具や法衣、食物は必要であり、住まいがなくては生きられないのだから、人間界の助けが必要であると述べるのである。それは、先にみた無住の「人として生を受けたからには、仏道を修すべきであり、そのため身体を維持しなければならず、世俗の生業は仏法の助けとなり、仏道修行を成し遂げることに繋《つな》がる」と述べたことと通じるものがある。

また、無住は次のようにも述べる。「仏法を学ぶ真意が、心から仏道を志し、解脱を願う心であれば、出世者である。世渡《よわた》りを考え、今生《こんじょう》を重んじ、仏法をもって名利の手段として財産欲や人に敬われることに執着すれば、世間者である」と。つまり、解脱のために仏道を修すれば出世者であり、世渡りの手段として仏法を修すれば世間者（俗人）であるという。この言葉は、無住が菩提心なく、生活の手段として仏門に入ってくる僧のことを「禿げた俗人」、「袈裟を着た猟師」と呼んでいたことと同じである。

つまり、無住にとって、「禿げた俗人」「袈裟を着た猟師」はそのまま「世間者」であったのである。

さらに無住は、兼好と共通する畜生観を語っている。『沙石集』巻第六ノ七には次のようにある。

竜樹《りゅうじゅ》（『大智度論』一〇〇巻を訳したともいわれている）の戒めに「六根《ろくこん》（身体）を備え、頭がよくても、仏道を修めずにひたすら現世のように安楽でありたいと思うならば、畜生と同じである。畜類も五欲《ごよく》（いわゆる感覚に根ざす欲望）の楽しみを思い、婬・食をのみ好むことは、人と変わらない。人と生まれたからには仏法を修すべきである。少しも仏法に心を寄せないのは、ただ人の皮を着た畜生である」というのである。

無住は、健康な身体を備え、頭がよくても、現世の安楽のみを求めるならば畜生と変わらないと述べる。つまり、人も欲を楽しむ。その点は畜生と変わらない。人が畜生と違う点は、欲にたいして反省し仏法を修することである。無住は、そうでなければただ「人の皮を着た畜生」であるというのである。

無住は淫心や愛欲をさまざまな過失の根本とするとした。人はこれらの欲を抑制して仏道に帰依する。しかし、畜生は欲が勝り仏道に帰依しない、ということであろう。したがって、それは、畜生に仏縁がないということになり、さらには、仏縁がないので、畜生から浄土には往生しないのである。

無住は『沙石集』巻第六ノ七で次のように述べる。「人皆仏性《ぶつしょう》有りといえども、縁に逢はざれば、徒《いたづ》らに埋《うづ》みて仏理を悟らず」と。すべての人は、仏に成るべき要素である仏性《ぶっしょう》を持っているが、仏縁がなければ、それは埋もれるだけである、という。埋もれてしまうのが畜生なのである。畜生は同じ六道の衆生なので仏性は持していても仏縁がない、と中世人には考えられていた由縁である。畜生道はあくまでも悪道なのであった。

畜生と説法

先にみた蛤は、草むらから出て仏の説法を聴聞していたということである。しかし、蛤は畜生なので、説法を正しくは理解できない、ということになるのであろうか。名利という欲によって仏法を修する僧を「世間者」と言ったように、畜生は欲によって仏法を正しくは理解できない、という理屈になるのかもしれない。

『沙石集』巻第五本ノ一には次のようにある。『大般涅槃経《だいはつねはんきょう》』には、「この大般涅槃経の光明は、常に衆生の毛穴から入り、菩提の縁を結ぶ」という。また『梵網経《ぼんもうきょう》』には、「動物を見たら、お前は畜生である。菩提心を発せ、と言え」と説いている。人師がこれを注釈し「下劣な有情《うじょう》（衆生）は、声（『大般涅槃経』を読む声）が毛穴から身体に入り、遠い将来には菩提の因縁となる」ということである。

この話は、畜生を見たら菩提心を発《おこ》せと言え、ということなのである。畜生は、経を理解できないが、経を読む声が毛穴から入り、遠くは仏道に入る因縁になるという。蛤は仏の説法を理解できなかったかもしれない。しかし、説法を聞こうと草むらに出た。したがって、浄土には行かなかったが、死後は「忉利天《とうりてん》に生じ」という天界に転生した。その結果、「仏所に詣でている」と仏道を修したのである。蛤は浄土へ近づいたということなのであろう。まさに遠い仏縁である。

畜生道に堕ちた人

人の皮を着た畜生、子にたいして盲目的な親、論議で相手に勝ちたいから学問をした僧などの話から、こうした話で語られるような人々は、来世、畜生道に堕ちたと考えられた。

『沙石集』巻第九ノ二十五には、「流転生死《るてんしょうじ》は、愛執《あいしつ》を根本とする。もし愛執がなければ生死を離れるであろう。まず、世間（世俗）の愛執を捨て、仏法にたいする愛執までも捨てることを、仏道に入る人とする。ただ、愛執怨心《おんしん》を止めて無念寂静《むねんじゃくじょう》（執着を離れた無念の境地）の行《ぎょう》を修すべきである」とする。

無住のこの言は、淫心・色欲がすべての過失の根本であると述べたことと同じであろう。本当に菩提心を発し、解脱を目的とするのが仏法であり、そうではなく仏道を修するという行為に執着してしまうと、その行為が目的となり、仏法を学ぶことによって逆に嫉妬・怒りなどを生じさせて野槌となった学僧のようなことになるのである。

したがって、欲が強く、仏道を修せないのが畜生であり、人であっても欲が強く、仏道を正しく修せない畜生のような者は、来世、本当に畜生道に堕ちたと中世人には考えられたのである。つまり、殺生を行っていなくてもこうした人々は悪道に堕ちたのであった。

このように、人は、殺生を行っていなくても悪道に堕ちた。さらには、殺生を行えば地獄に堕ちた。殺生は人ばかりではない。畜生も六道の衆生であるので、畜生を殺しても地獄に堕ちる場合があった。

畜生による現報

『沙石集』巻第九ノ八には次のようにある。業とは恐ろしい事である。生を殺せば、必ず殺された者が自分を殺す報いを受ける。人ならば、訴えに基づき判決が下る。しかし、畜類は訴えられないから、山や野に住む蹄《ひづめ》ある畜生、川に暮らす鱗ある畜生を、人は心のままに殺して食べる。殺生を犯した者を、六道に住む悪人を裁く沙汰所《さたどころ》である閻魔王界で、冥官らは倶生神《ぐしょうじん》の記録、浄玻離《じょうはり》の鏡と引き合わせて判断し、判決を下す。その結果、その者は地獄、鬼畜《きちく》の長い苦患《くげん》を受けねばならないことを知らずに、今現在訴える者がいないからと言って、殺生をまったく恐れないのは、返々《かえすがえす》愚かである、ということである。

生き物を殺せば、殺された者から殺される報いを受けるという。前々章で述べた現報である。しかも、人間は裁判に訴えることができるが、畜生は訴えることができないので、代わりに閻魔庁が畜生を殺した者を裁くということである。

ここでいう畜生の殺生とは、「人は心のままに殺して食べる」という行為である。殺される理由になっていない人の殺生は、残された者から敵討ちの対象となった。親類縁者がいない者が殺された場合、殺された者が怨霊となって殺した者を殺した、と中世社会では考えられた。畜生の場合は、たとえば無住は、生きるための殺生とそうではない殺生を区別していた。「心のままに殺して食べる」という欲望や快楽のために畜生を殺すことは、人でいう理不尽な殺生である。したがって、殺されたのが畜生であっても殺した者は現報を受けたと考えられたのである。

『沙石集』巻第九ノ十三「鷹飼《たかがい》、雉《きじ》に食はれたること」には次のようにある。

下野国、ある俗人は一生の間、鷹を使って狩りをしていた。ある時、重病を患い苦痛が全身を責めたて「雉が腿《もも》に食いつき、痛くてたまらない」と声をあげて叫んだ。見ると雉などいない。「気でも狂ったのか」と看病する者は思ったが、あまりの様子に見ると、腿の肉が、まるで刀で切り取ったようになっている。これは確かに起こったことである。

このような話はたくさんあるが、一つで十分である。よってこれ以上は記さない。遠江国にも、同じようなことが最近あった。また、下野国にも鶉《うずら》に食われた者がいる。また、夏場の鷹を養うために餌として殺した狗《いぬ》（犬）も、殺した者が病の時、その病人を犬が取り囲んだことを周囲の者がはっきりと目にしたことがある。この件は、私と関わりのある人物の事件である。この様子は、他と同じなので略して記さない、ということである。

図８　解身地獄（『地獄草紙』甲巻第６段，MIHO MUSEUM 蔵）

鷹狩をして雉を捕っていた者が病になった。その者が雉に腿の肉を食われたということである。しかし、周囲の人々には雉は見えない。看病する者は、狩をした者が単に病気になったと映った。しかし、尋常ではない苦しみ方で、実際、腿の肉が刀で斬られたようにえぐれていたという。鶉に食われた者もいるという。また、鷹の餌として犬を殺した者は、病となり、犬に囲まれていたという。『徒然草』第百二十八段で語られる土御門雅房が、生きた犬の足を鷹の餌にしようとしていたということは虚言であったが、本当に犬を鷹の餌にした者は、犬による現報を受けたのである。

このように、人を殺生することと同じ感

覚が、畜生にもあったのである。無住は語るのである。「殺生をするのも、現世における我が身の安楽のためである。来世もわが身はわが身である」と。人は畜生を殺生しないで生きられない面があった。だからと言ってむやみに殺生してはならない。したがって、こうした輪廻転生の観念が畜生を殺生することの戒めともなり、罪業観ともなったのであろう。『地獄草紙《じごくぞうし》』などで描かれる人が地獄の獄卒に皮を剝がれ、切り刻まれて、まるで料理される様子は、現世で畜生にたいして行った行為をそのまま来世で受けているのであり、そうした報いの可視化なのであった。

餓鬼の転生

『信貴山縁起絵巻』に描かれた信貴山

前章までで地獄道、畜生道と語ってきたので、順番からすると次は餓鬼道になるのであるが、その前に『信貴山縁起絵巻』に描かれている「信貴山」について考えたい。というのも、餓鬼道については、主に『餓鬼草紙《がきぞうし》』を中心に検討するが、この絵巻に登場する餓鬼の描かれ方を『信貴山縁起絵巻』の「信貴山」の描かれ方と比較して考えたいからである。

山の浄土

信貴山のような山は、現在の登山などとは異なり、人が勝手に踏み込めるような場所ではなかった。古代以来、山林は「山中他界」といわれるような、異界と観念されていたのである。

このことを『信貴山縁起絵巻』以外で確認すると、『今昔物語集』巻第十七「沙弥蔵念《しゃみぞうねん》世《よ》に地蔵の変化《へんげ》と称するの語第八」には、次のような話が記載されている。陸奥国の小松寺《こまつでら》に地蔵菩薩の縁日である月の二十四日に生まれた蔵念《ぞうねん》という沙弥がいた。この沙弥蔵念は、幼少より地蔵菩薩を祈念し、寝てもさめてもこれを心がけ怠ることはなかった。また、この沙弥は、門々戸々に錫杖を振り、地蔵の名号を唱えて人々に聞かせた。それによって、「殺生放逸《せっしょうほういつ》を業」とする人もたちまちに善心を発し、それを見た人々は、沙弥蔵念を地蔵の化身であると褒《ほ》め称えた。しかし、この沙弥も年齢が七十に達すると、一人で深山に分け入り、姿を暗ましてしまった。人々は、彼を探したけれども遂に見つけ出すことができず、蔵念が分け入った深山に向かって手を合わせて「地蔵小院《こいん》は実に地蔵菩薩の化身《けしん》だったのだ。われらが罪重いが故に、忽《たちまち》に我等を棄てて、浄土に帰ってしまわれたのだ」と歎き悲しんだということであった。

この『今昔物語集』巻第十七第八話では、地蔵菩薩の化身と称された沙弥蔵念が、深山に入り姿を見せなくなったことにたいして、人々は「浄土に帰ってしまわれたのだ」と歎き悲しんだと記されている。つまり、この話では、蔵念が分け入った深山＝浄土と観念されていたのである。

このように山は浄土がある場所と人々に観念されていたのである。

鳥羽僧正覚猷《かくゆう》（一〇五三〜一一四〇）作とも伝えられているが作者不詳の『信貴山縁起絵巻』は、信貴山朝護孫子寺《ちょうごそんしじ》の縁起を語った絵巻である。

『信貴山縁起絵巻』の主人公・命蓮の霊験

この絵巻は、「山崎長者巻《やまさきちょうじゃ》（飛倉巻）」「延喜加持巻《えんぎかじ》」「尼公巻《あまぎみ》」の三巻から成っているが、第一巻にあたる「山崎長者巻（飛倉巻）」には、現在詞書がない。しかし、「山崎長者巻（飛倉巻）」をモチーフにした話を採録している梅沢記念館旧蔵本『古本説話集』「しなののくにひじりのこと」や、『宇治拾遺物語集』巻第八「三　信濃国の聖事」によって、その内容を知ることができる。その具体的内容は、次のようである。

信濃国の法師（命蓮《みょうれん》）は、東大寺で受戒《じゅかい》し、東大寺の西南の方角にあたる山に住《じゅう》して修行した。その後、命蓮は、毘沙門天の小さな厨子仏を手に入れ、この山（信貴山）に小さな堂を建てて、そこに安置し奉った。その後も命蓮は、この山に留まり修行をして年月を過ごした。この山の麓には下種徳人《げしゅとくにん》（山崎長者）がおり、命蓮は、彼のもとに鉢を飛ばして（空鉢護法）、食べ物などを入れてもらっていた。

ある時、いつものように下種徳人のもとに鉢が飛んできたが、彼は、物を入れずに放置していた。すると、鉢は、彼の住居にある大きな校倉《あぜくら》を乗せて信貴山に向かって飛び去ってしまった。下種徳人は慌てて命蓮の住房に行き、校倉を返してくれるように懇願した。すると命蓮は、法力を使って校倉に収納されている米俵一俵を鉢に乗せて飛ばし、残りの米俵も後に続いて宙に浮かび上がり、下種徳人の住居がある山の麓まで飛び去っていったのであった。

『古本説話集』や『宇治拾遺物語集』の内容はこのようであるが、実際『信貴山縁起絵巻』「山崎長者巻（飛倉巻）」では、まず、鉢が校倉を乗せてまさに飛び去ろうとする画面から始まる。次に校倉を乗せて飛び去る鉢を人々が追いかけるという画面へと続いている。

ところで、『信貴山縁起絵巻』三巻は、巻子本《かんすぼん》（巻物）である。したがって、『信貴山縁起絵巻』は、数枚の料紙《りょうし》を横につないでいるので、当然、縦に比して横に長い画面を持つということになる。この巻子本という装丁《そうてい》上、『信貴山縁起絵巻』は、右から始まり、左へと展開していくことになる。

ところが、『信貴山縁起絵巻』「山崎長者巻（飛倉巻）」において、下種徳人の米俵が彼の住居に戻ってくる場面では、左から右へと鉢が米俵を乗せて下種徳人の住居に飛んで来るというように描かれている。つまり、『信貴山縁起絵巻』「山崎長者巻（飛倉巻）」では、

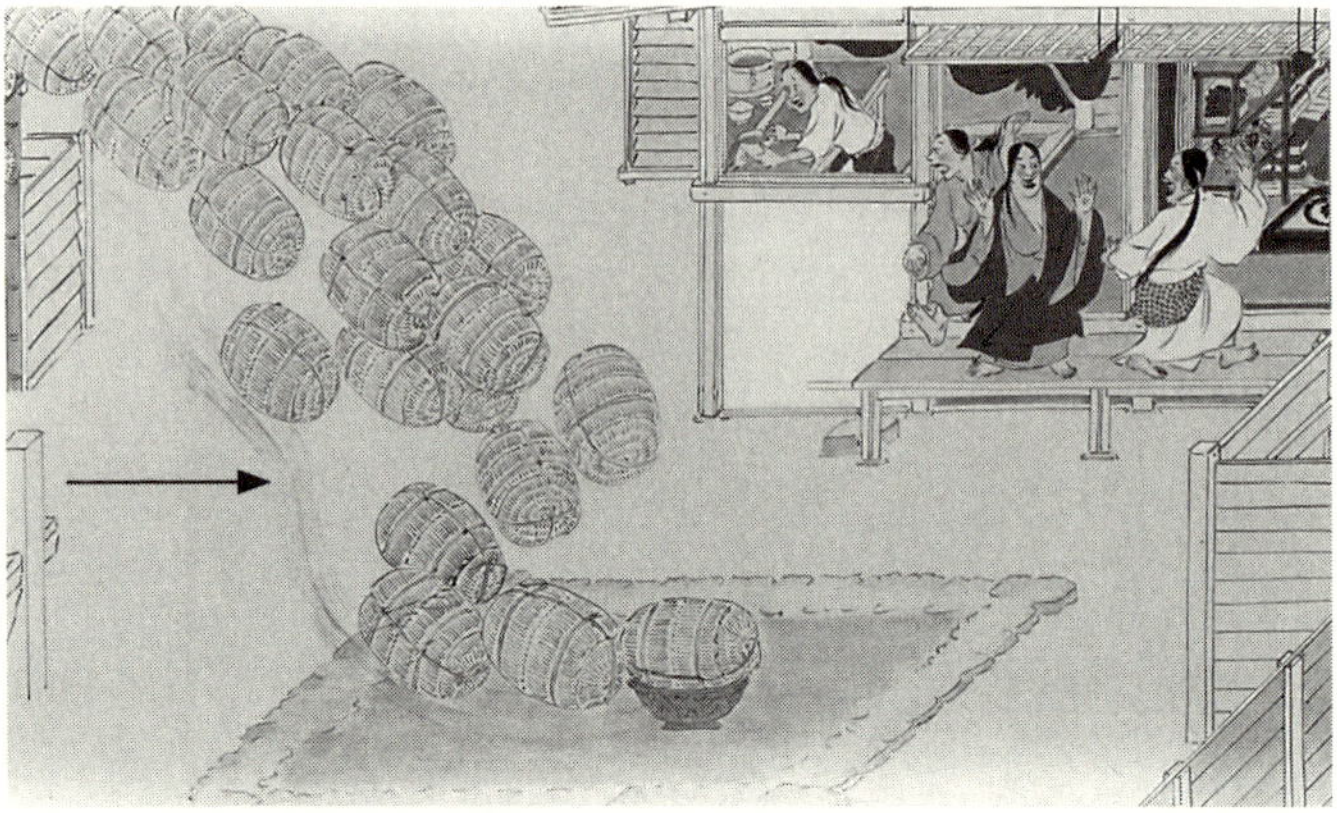

図９　鉢が米俵を乗せ戻ってくる（『信貴山縁起絵巻』「山崎長者巻〈飛倉巻〉」，朝護孫子寺所蔵）

右から左へと物語が展開していくなかで、命蓮の法力によって、鉢が米俵を乗せて下種徳人の住居に戻ってくる場面では、左から右へ米俵が飛んで来るという物語全体の展開とは逆の構図になっているのである（図９）。このことは、第二巻の「延喜加持巻」でさらに顕著になる。

「延喜加持巻」の内容は、醍醐天皇が病気になり、病平癒のため多くの加持祈禱や修法《すほう》が試みられたが、まったく効果なく快方しなかった。そこである人が、信貴山に籠り修行する聖（命蓮）は、たいへん法験あらたかで、鉢を飛ばし、居ながらにして奇跡を行なうという噂を聞いたので、この僧を宮中に召して祈禱をさせたならば効果があるのでは、と進言した。そこで早速、命蓮のもとに勅使が遣わされた。しかし、命蓮は勅使に対して、参内はせずに信貴山でお祈り申し上げ、醍醐天皇の病が癒えた時には、その証として剣の護《ご》法童子《ほうどうじ》を遣わすと言い、さらに、もし夢や幻にでも醍醐天皇が剣の護法童子をご覧になったら、自分（命蓮）の修した祈禱が終わったとご承知してくださいと言った。

それから三日ばかり後の昼頃、帝は夢幻の内にきらきらと光る剣の護法の姿を見た。するとたちまち病が平癒した。帝も廷臣も皆喜び、御礼のために再び信貴山へ使者が立てられ、命蓮に僧位を与え、寺にも荘園を寄進しようと伝えたが、命蓮は僧位も荘園の寄進も固く辞退して受けなかったという内容である。

「延喜加持巻」のこの場面では、まず、左方から清涼殿に飛来した護法童子の姿が描かれている（図10）。次に、大和国信貴山から京の都の清涼殿までを左から右へ一気に天翔する護法童子の姿が描かれている（図11）。

つまり、この「延喜加持巻」では、まず、命蓮の祈禱が終わったことを伝えに来た護法童子が清涼殿に到着した場面が前にきて、次に護法童子が命蓮の命を受けて大和国信貴山から清涼殿に向かう途中の場面が現われるという順序が逆になり、結果が先に描かれているのである。このように、『信貴山縁起絵巻』では、右から左へと物語が展開していくな

図10　清涼殿に飛来した護法童子（『信貴山縁起絵巻』「延喜加持巻」，朝護孫子寺所蔵）

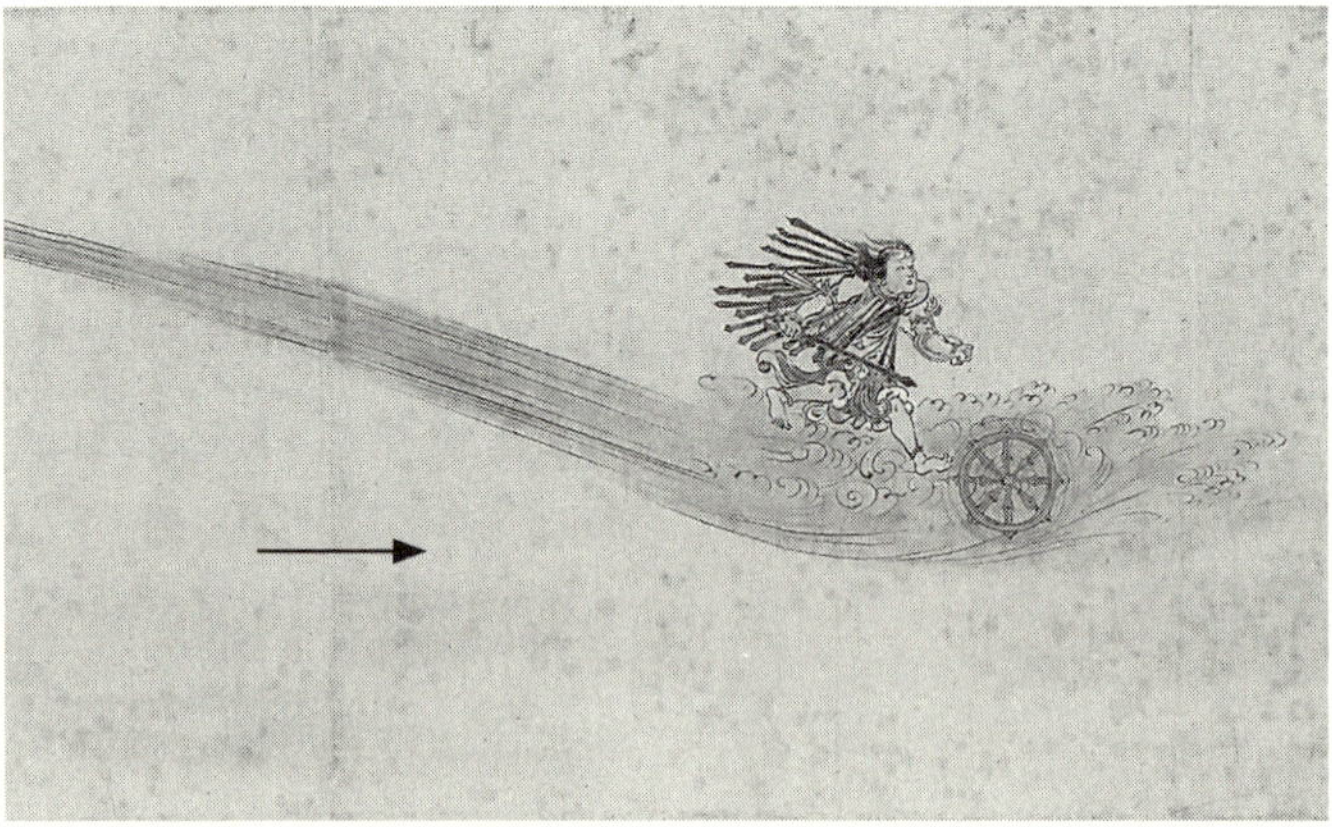

図11　一気に天翔する護法童子（『信貴山縁起絵巻』「延喜加持巻」，朝護孫子寺所蔵）

かで、命蓮が鉢に米俵を乗せて飛ばす場面や、護法童子を使者として清涼殿に遣わす場面など命蓮の法力のみが、左から右へと展開しているのである。

命蓮と護法童子

ところで、『信貴山縁起絵巻』などで語り描かれる「護法童子」のような童子とは、平安時代後期の仏教においてどのような存在であったのであろうか。

平安時代後期の『法華験記《ほっけげんき》』（『大日本国法華験記《だいにほんこくほっけげんき》』）下巻第九十二話には、筑紫国出身の比叡山の僧長円《ちょうえん》が行った山林修行の功徳が記されている。長円は幼少の時より仏門に入り、『法華経』を読誦し不動明王に奉仕し、修行により徳をかさねて験力を得た。さらに葛木山《かづらぎさん》に籠って十四日を経て、何も食べずにひたすら『法華経』を読誦した。すると、夢に八大金剛童子が現われた。八大金剛童子は、三鈷や五鈷や鈴杵や剣などといった法具を身につけ、それを衣服としていた。八大金剛童子は合掌して一斉に「不動明王に対する奉仕《ぶじ》と修行を行う者は、まるで薄伽梵《ばきゃぼん》（仏のこと）と同じであり、無上の三昧《ざんまい》の境地を得て、諸菩薩も修行者のもとに集まる」と賛嘆した、というのである。

さらに同じく『法華験記』上巻第十一話には、聖が自房に客僧を招き、その客僧のために端正なる童子が膳を運んできたが、その童子は、聖に仕えて給仕する天童であったというのである。これら『法華験記』の二話からもわかるように、聖といわれるような山林修行者は、仏と同等のような存在と観念され、天童などが、阿弥陀如来の使者・眷属として仕えていたのと同じように、このような聖にも、天童などの童子が仕えていたとされるのである。先にみた『今昔物語集』でも、山の浄土に帰ってしまった沙弥蔵念は、地蔵の化身とされていた。『信貴山縁起絵巻』で語られる命蓮も、『法華験記』に語られるような修行者であり、したがって「延喜加持巻」では、護法童子が命蓮の使者として仕えているのである。

さて、『信貴山縁起絵巻』「延喜加持巻」で語り描かれる護法童子は、多くは剣を身に付け、雲に乗り空を翔けるという姿であった。このような図像は、佐和隆研氏の指摘によると、仁和寺が所蔵する『毘沙門天二十八使者図像』一巻にも見ることができるという（『信貴山縁起』と鳥羽僧正覚猷」、小松茂美氏編日本絵巻大成四『信貴山縁起』〈中央公論社、一九七七年〉）。

毘沙門天には二十八の使者がいるとされるが、これら毘沙門天の二十八使者の内、第五番目の説法使者は、肩から剣を身につけ、雲に乗り、走っている姿である。この『毘沙門天二十八使者図像』の図像に従えば、『信貴山縁起絵巻』に登場する護法童子は、その姿から『毘沙門天二十八使者図像』における第五番目の説法使者に相当するという。

また、佐和氏は、毘沙門天の功徳を説いた唐の般若斫羯囉《はんにゃしゃから》（八四七～？）訳『摩訶吠室《まかべいしつ》羅末那野提婆喝羅闍陀羅尼儀軌《らまなやだいばあらじやだらにぎき》』「求使者品《ぐししやほん》第六」に記載された「二十八部鬼神」といわれる毘沙門天の使者のなかで、修行者の修法の種類によって呼び出された特定の使者が、その修法の効験を得るための助力をするという記事に注目している。『毘沙門天二十八使者図像』に掲載された説法使者は、この儀軌によれば、「山中に分け入り坐禅を続け、飛行の仙術を求めようとするならば説法使者を呼べ」と述べられている。『信貴山縁起絵巻』に記された命蓮も、このような山林修行の実践者として位置づけられ、しかも、命蓮は、鉢を使って校倉や米俵を自由に飛ばし、毘沙門天の使者である護法童子を自在に操るという験力をすでに獲得した山林修行者として語られているのである。

命蓮と毘沙門天

『信貴山縁起絵巻』は、信貴山朝護孫子寺の本尊である毘沙門天が描かれていないというのが特徴である。こうした絵巻は類を見ないのであるが、『信貴山縁起絵巻』と題が付せられながらも絵巻の主人公は命蓮である。おそらく、命蓮が本尊毘沙門天の化身のような意味合いを持ったものと思われる。したがって、命蓮の住む信貴山は毘沙門天の住む場所でもあり、この世の異界でもある。

つまり、信貴山は毘沙門天が住むこの世の霊山なのであった。このような視点で『信貴山縁起絵巻』を見ると、命蓮が現した霊験は、命蓮の拠点である信貴山を中心にして、①信貴山からこの世の世俗社会に向かって描かれている場合は、左から右へと展開している。つまり、信貴山から下種徳人の家に向かって米俵が飛んで行く場面は、米俵は左から右へと飛んで行く。また、命蓮が信貴山から護法童子を清涼殿に遣わす場面は、護法童子は左から右へと飛んで行くのである。それとは逆に②この世の世俗社会から信貴山に向かって、命蓮が現した霊験が描かれている場合は、右から左へと展開している。下種徳人の家から信貴山に向かって米俵が飛んで行く場面は、米俵は右から左に向かって飛んで行き、護法童子が清涼殿から信貴山に戻る場面は、護法童子は右から左へと帰って行くのである。

こうした絵巻の描かれ方については、榊原悟氏によって次のような的確な指摘がなされている。榊原氏は、画面を右から左へと向かうものは、「進み」「行く」「去る」ことを意味し、画面を左から右へと向かうものは、「現われ」「来る」「出現する」ことを意味すると指摘されているのである（『日本絵画のあそび』、岩波新書、一九九八年）。

絵巻は、その構造上、右から左へと話が展開するので、当然時間的推移も右から左へと向かっていくことになる。こうした話の展開に逆行する仏菩薩の登場は、これらの仏菩薩が、現世の住人である人々がこれから往生して向かおうとする極楽浄土などの来世の住人、未来の世界の住人であることを意味する。

換言すれば、「この世」から「あの世」へという時間的推移のなかで、「あの世」から「この世」へという時間の推移に逆行する仏菩薩の登場が、絵巻全体の右から左へという展開とは逆の、左から右へという登場の仕方になっているのである。したがって、絵巻に登場した仏菩薩が浄土に戻る場面では、登場とは逆に右から左へと展開するのである。

『信貴山縁起絵巻』の場合、信貴山にこの世の浄土のような意味が持たされているので、信貴山から「この世」に命蓮の霊験が展開する場合は、左から右、「この世」から信貴山に命蓮の霊験が展開する場合は、右から左へと描かれているのである。

このように、『信貴山縁起絵巻』は「信貴山」を基準にして、右と左を意識して見ると、より話の展開が理解しやすいのである。

絵巻における左右の展開

中世に作成された他の絵巻から、左から右へと物語が展開している構図を見ると、まず目に付くのが臨終の場面である。『法然上人絵伝』を見ると、そこには多くの臨終の場面が描かれている。たとえば、定明《じょうみょう》の臨終では、念仏を一心不乱に唱える定明に向かって阿弥陀如来が額から白毫光《びゃくごうこう》を放って

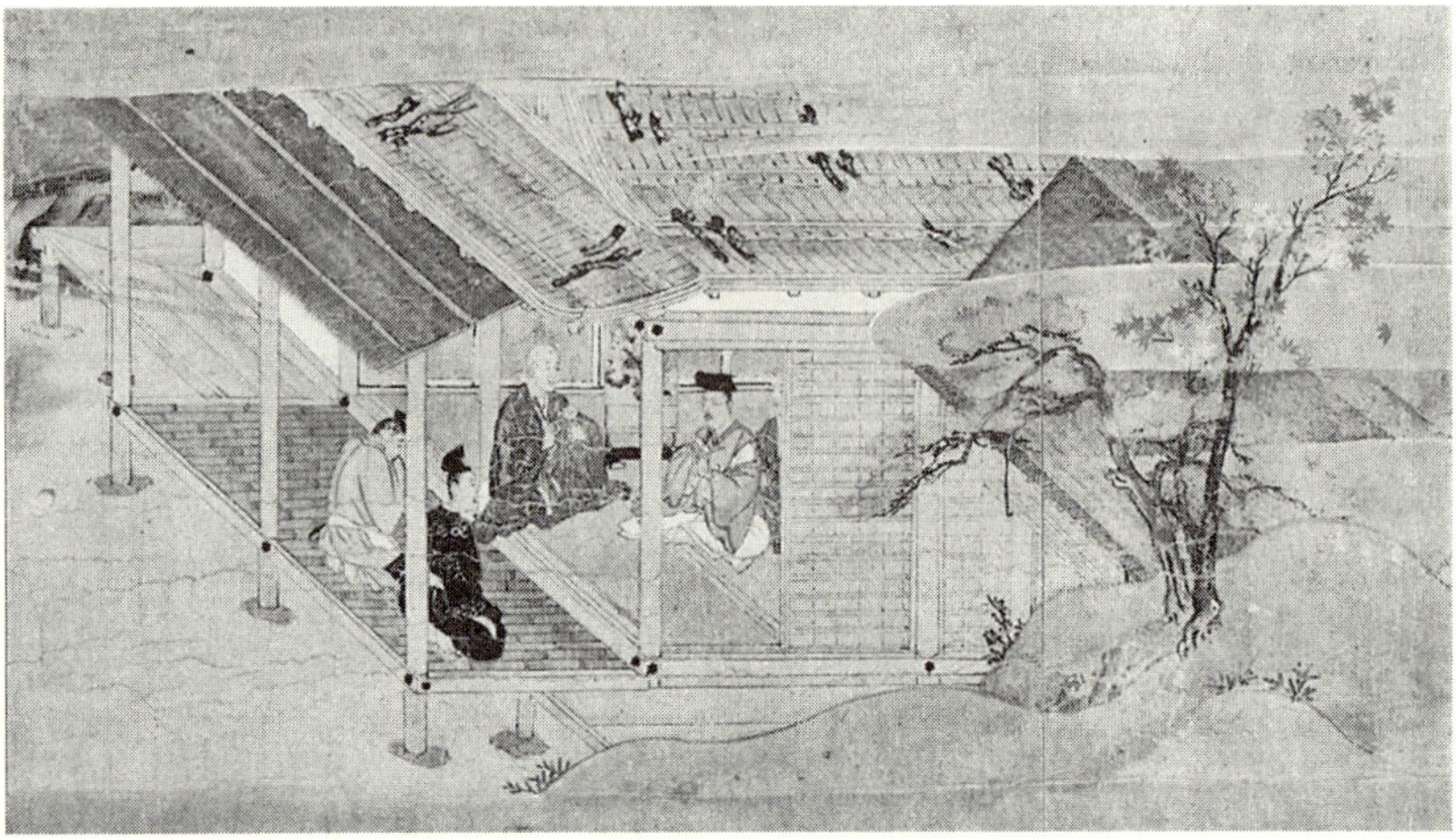

図12　定明の臨終（『法然上人絵伝』巻２，知恩院所蔵）

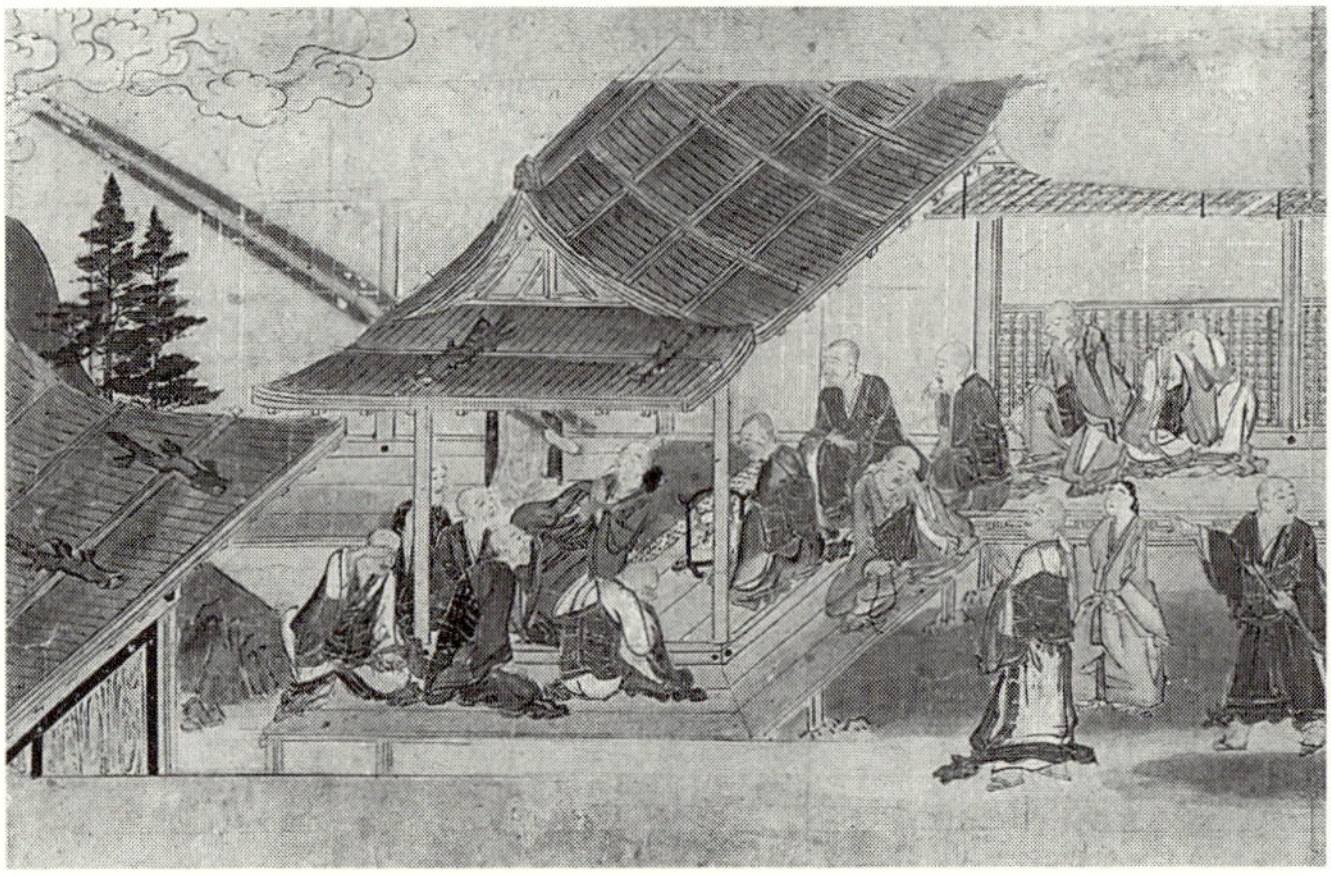

図13　明遍の臨終（『法然上人絵伝』巻16，知恩院所蔵）

図14 尼妙真の臨終（『法然上人絵伝』巻24，知恩院所蔵）

(『法然上人絵伝』巻７，知恩院所蔵)

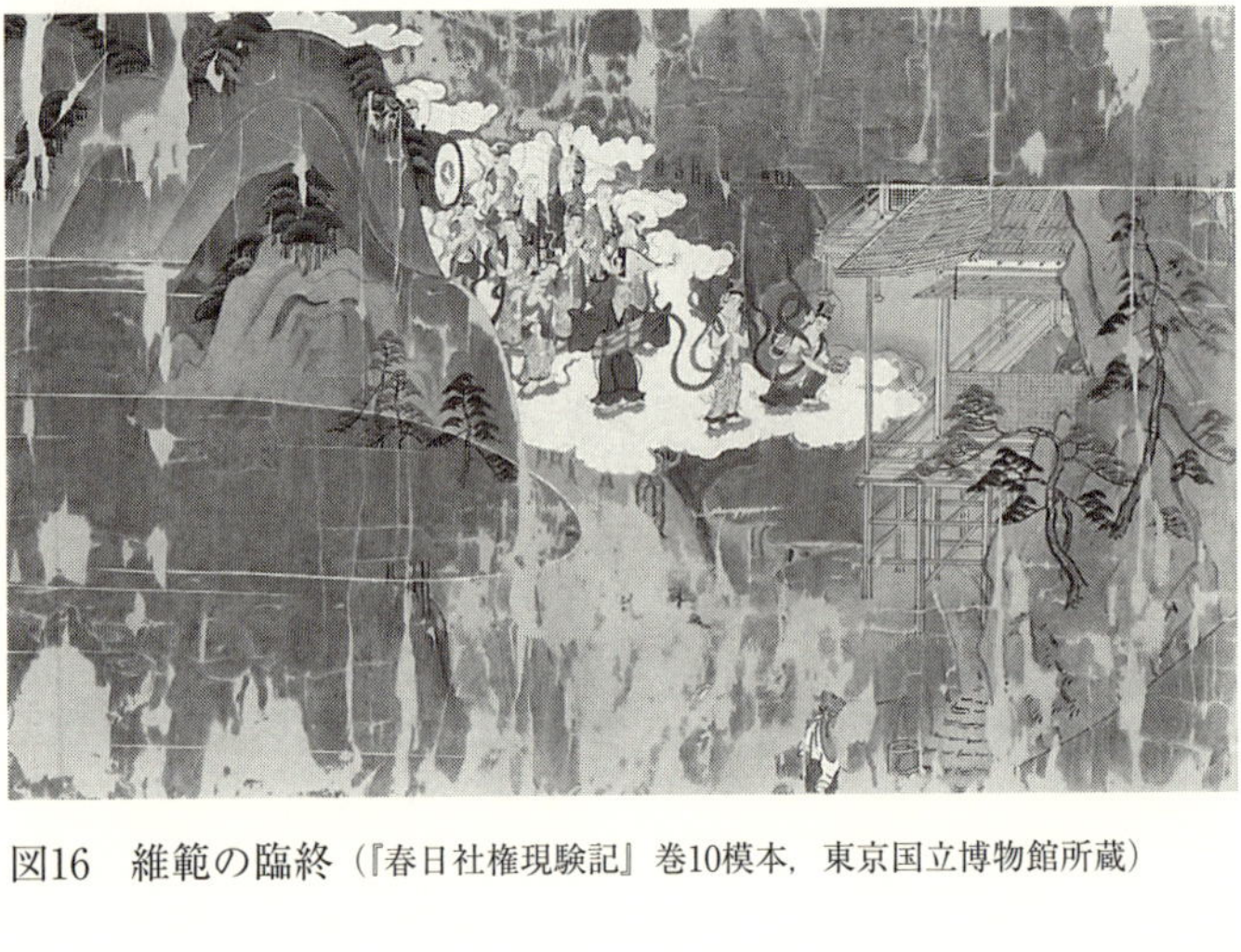

図16　維範の臨終（『春日社権現験記』巻10模本，東京国立博物館所蔵）

図15　善導と法然との値遇

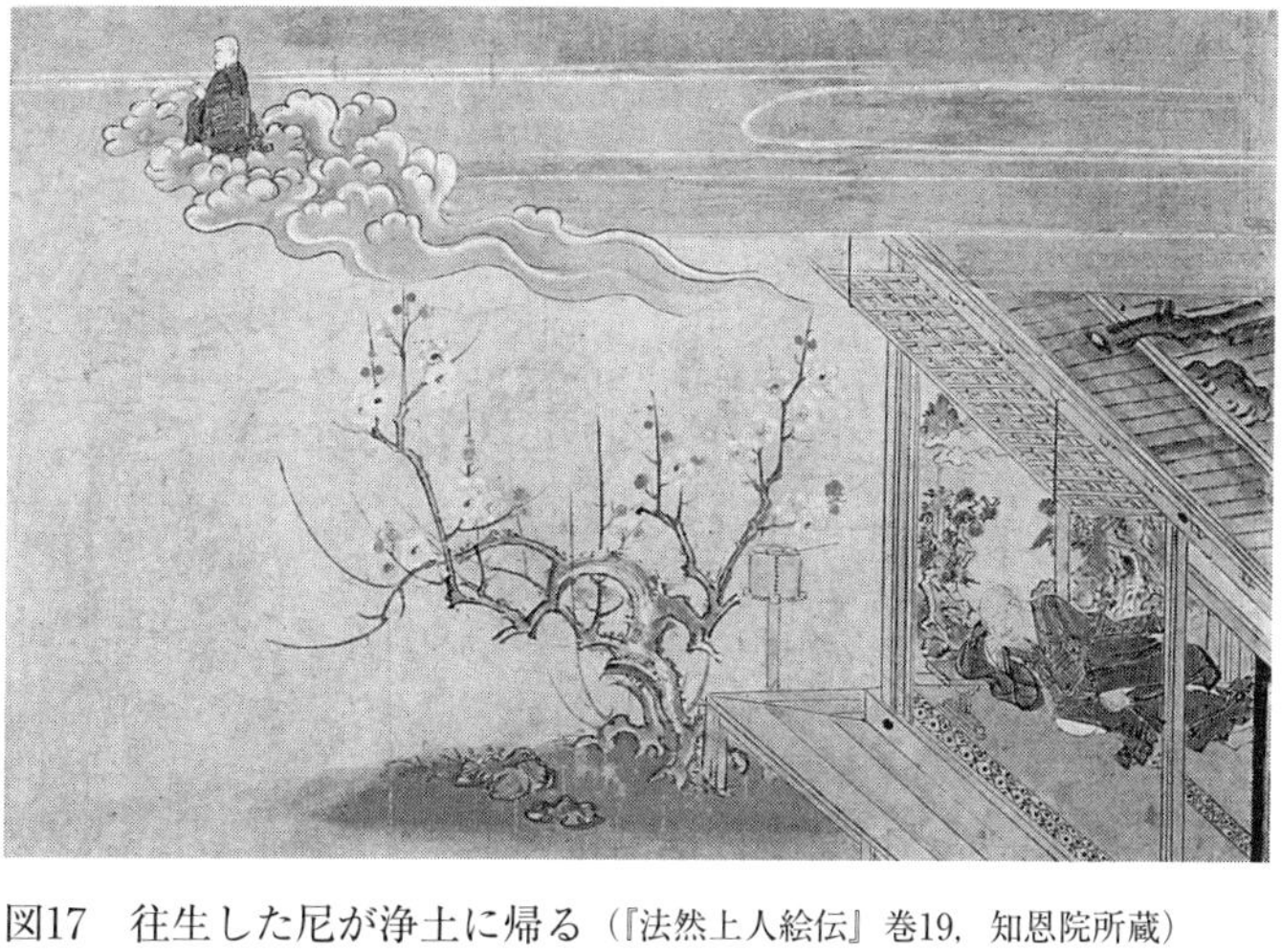

図17　往生した尼が浄土に帰る（『法然上人絵伝』巻19，知恩院所蔵）

図18　地蔵菩薩に連れられて浄土に戻る讃岐守俊盛（『春日社権現験記』巻5模本，東京国立博物館所蔵）

図19　貴女の姿に化現した春日大明神が教懐の庵室から浄土に戻る（『春日社権現験記』巻10模本，東京国立博物館所蔵）

いる場面が描かれている。それは、画面左の阿弥陀如来から、右に座する定明に向かって白毫光が放たれているという構図である（図12）。また、明遍《みょうへん》臨終の場面では、西の空から光明が明遍の額に向かって延びているが、この構図も左から右へと光明が延びている（図13）。尼妙真《みょうしん》の臨終の場面でも、やはり左から右へと尼妙真に向かって光明が延びており（図14）、その他の臨終の場面もすべて同様である。また、阿弥陀如来の化身である善導が法然と値遇する場面では、左方より右に向かって善導が登場する（図15）。さらに『春日社権現験記《かすがしゃごんげんけんき》』の比叡山の維範《ゆいはん》阿闍梨臨終の場面では、観音・勢至の二菩薩とすでに極楽往生を遂げた教懐《きょうかい》上人が二十五菩薩を伴って来迎するが、この場面も、観音・勢至の二菩薩や教懐上人は画面左から右に向かって登場するのである（図16）。つまり、絵巻のなかで仏菩薩の登場や霊験は、絵巻の右から左へという展開とは逆の左から右へという展開で描かれているものが多数を占めているのである。

　それでは、逆に右から左に展開している構図を見たい。たとえば『法然上人絵伝』の往生を遂げた尼が法然との会見を終え浄土に帰る場面で、尼は、雲に乗って右から左へと帰る様子が描かれている（図17）。また、『春日社権現験記』の地蔵菩薩が讃岐守俊盛を連れて浄土にもどる場面も右から左へと移動している様子が画かれ（図18）、さらに、貴女の姿に化現した春日大明神が教懐の庵室から戻る場面も右から左へと帰る姿が描かれている（図19）。このように、絵巻に登場した仏菩薩（往生人も含む）が浄土に戻る場面における右から左へという展開は、いわゆる物語全体の展開と同様に「この世」から「あの世」へと向かうことを意味するのであった。

このように絵巻における左から右、右から左という展開の構図は、もちろん例外はあるだろうが、絵巻における描き方の基本になっていると考えられる。そのなかでも、『信貴山縁起絵巻』は、信貴山を中心として、同じ霊験、つまり米俵が飛ぶ方向、護法童子の進む方向それぞれが、左へ、右へと両方展開し、描き方が明確なのである。

こうした展開の仕方を念頭に置いて、餓鬼道について考えたい。

さまざまな餓鬼

『往生要集』の餓鬼

三悪道の一つである餓鬼道は、常に飢えと渇きに苦しむ世界である。餓鬼はそもそも鬼であり、単に鬼と記される場合もある。その餓鬼道は、どこにあるのかというと、閻魔庁（地獄）にも餓鬼は居るとされ、さらに天道や人道にも餓鬼は存在しているとされる。こうした餓鬼には種類がある。『往生要集』に餓鬼がどのように語られているかを確認すると次のようである。

一、鑊身《かくしん》と名づける。その身の長《たけ》は大きく、人の二倍である。顔に目はなし。手足は鑊《かま》の脚（非常に細い）のようである。この餓鬼は熱き火中に満ちて、その身を梵焼《ぼんしょう》する。昔、人であった時、財を貪《むさぼ》り、生き物を屠《ほふ》り殺した者がこの報いを受ける。

二、食吐《じきと》と名づける。その身体は広大にして長《たけ》半由旬である。常に嘔吐物を求めるが、苦しんで得られない。昔、丈夫《じょうぶ》（立派な男）が、自ら美食を噉《くら》って妻子に与えず。あるいは婦人が自ら食べて夫、子に与えないとこの報いを受ける。

三、食気《じきけ》と名づける。世人の病に依って、水の辺、林の中に祭《さい》を設けると、この香気を嗅《か》いで、自ら活命す。昔、人であった時、妻子らを前にして独り美食を噉《くら》った者がこの報いを受ける。

四、食法《じきほう》と名づける。嶮難《けんなん》（無数の剣が突き出た山）の処において駆け走り、食を求める。身体の色は黒雲のようで、涙が流れることは雨のようである。もし僧が、人の呪願し説法する時は、これに因《よ》って力を得て活命する。昔、名利を貪ろうとして不浄に説法した者がこの報いを受ける。

五、食水《じきすい》と名づける。飢渇《きかつ》して身を焼き、周𠍱《しゅうしょう》して（走りまわって）水を求めるが、苦しんで得ることができない。長き髪が顔を覆い、目の邪魔となる。河の辺に走り趣いて、もし人が河を渡って、脚足の下より遺《のこ》し落す余水あれば、速かに疾く接し取りて、活命する。あるいは人の、水を掬《むす》びて亡き父母に施すことがあれば、則《すなわ》ち少分を得て、命が存立する。もし自ら水を取ろうとすれば、水を守るもろもろの鬼が杖をもって撾《う》ち打つ。昔、酒を売る時に水を加え、あるいは蚓《みみず》・蛾《が》を沈めて、善法を修めなかった者がこの報いを受ける。

六、悕望《けもう》と名づける。世間の人が亡き父母の為に供養した物を取って食べる。しかし、ことごとく食べられない。昔、人が苦労して少しの物を得ても、それを誑《たぶら》かし、惑わしてこれを取った者がこの報いを受ける。

七、あるいは鬼あり（海渚《かいと》餓鬼）。海の渚《なかす》の中に生まれる。その場所には樹林・河水などはなく、甚《はなは》だ暑い。この場所の冬の日をもって人間界の夏と比べると、千倍の暑さである。この餓鬼は、ただ朝露をもって活命している。この餓鬼は、海の渚に住んでいるといっても、海は枯竭《こかつ》している状態である。昔、路を行く人が病苦で疲れ極っている時に、その人の売り物を欺き取り、対価を与えること薄少であった者がこの報いを受ける。

八、あるいは鬼あり（食火炭《じきかたん》餓鬼）。常に塚の間にいて、火に焼けた屍を噉《くら》うが、なお満足しない。昔、刑獄の番人として、人の飲食《おんじき》を掠《かす》め取った者がこの報いを受ける。

九、あるいは餓鬼あり（樹中住《じゅちゅうじゅう》餓鬼）。生まれて樹の中にあり。逼迮《ひきしゃく》して（縮こまって）、身体が押されること、賊木虫《とくさむし》（木賊虫）のようである。この餓鬼は大いなる苦を受け、昔、陰を作る涼しい樹を伐《き》り、または、衆僧《しゆそう》の園林を伐りし者がこの報いを受ける。
十、また鬼あり（餓鬼の名前不明）。頭髪が垂れさがって、身体に纏はりつく。その髪は、刀のように身体刺し切る。あるいはその髪が火に変じて、餓鬼の身体を焼く。
十一、あるいは鬼あり（食小児餓鬼《じきしようにがき》カ）。昼夜におのおの五子を生むが、生むたびにこれを食べる。それでもこの餓鬼は常に飢えている。
十二、あるいは鬼あり（焔口《えんく》餓鬼カ）。火を口から出し、飛んでいる蛾を、火で焼いて飲食《おんじき》とする。
十三、あるいは鬼あり（餓鬼の名前不明）。糞・涕《なみだ》・膿血を入れた器の洗い残しを食べる。
十四、鬼あり（餓鬼の名前不明）。飢渇《きかつ》して、身体枯渇す。たまたま清流を見つけて走り行くと、大力の鬼がいて、杖をもって餓鬼を打つ。あるいは清流が火に変わり、あるいは清流の水が枯《か》れてしまう。
十五、鬼あり（針口《しんく》餓鬼）。口は針の孔《あな》のようで、腹は大いなる山のようである。たとえこの餓鬼が飲食する機会があったとしても、口が針のようで食べることができない。
十六、鬼あり（餓鬼の名前不明）。たまたま少《わず》かな食物に逢いて食べれば、その食べ物は猛焔に変じて、餓鬼の身体を焼いて出てくる。

『往生要集』では、十六種類の餓鬼が記載されている。つまるところ、大枠では餓鬼なのであるが、前世の悪業の種類によって、さまざまな特徴を持つ餓鬼に転生するということである。地獄道も八大地獄と呼ばれるように、重ねた罪によって堕ちる地獄が異なり、畜生道でも生き物に種があるのと同じといえよう。

源信が『往生要集』に記載する餓鬼は十六種類であるが、『往生要集』に記載された餓鬼は、五世紀ごろの瞿曇般若流支《くどんはんにゃるし》訳『正法念処経《しょうぼうねんしょきょう》』七〇巻を主に典拠としている。同経は、三十六種類の餓鬼を挙げているが、源信が述べる餓鬼は、同経のすべてではなく、その採録意図はよく判らない。また同経に分類できない餓鬼もいて、火を口から出す焔口餓鬼と思われる餓鬼は、不空訳の『仏説救抜焔口餓鬼陀羅尼経《ぶっせつぐばつえんくがきだらにきょう》』などにも記載がある。

『往生要集』では、餓鬼は「人間の一月を以《もっ》て一日夜となして、……寿五百歳なり」と述べる。餓鬼の寿命をわかりやすく現在の計算で考えると、人間の一ヵ月が餓鬼の一日ということなので、餓鬼の一年は、人間の三百六十五ヵ月ということになる。人間の三百六十五ヵ月を十二ヵ月で割ると、人間では約三十年四ヵ月ということになる。餓鬼の一年＝人間の三十年四ヵ月なので、餓鬼の寿命は五百歳ということであるから、三十年四ヵ月×五百年は、千六百六十六年六ヵ月強というのが人間からみた餓鬼でいる期間ということになる。地獄に堕ちる期間にはまったく及ばないが、それでも絶望的な年数である。
こうした餓鬼道には、慳貪《けんどん》・嫉妬の人が堕ちるということである。

『餓鬼草紙』の餓鬼

『餓鬼草紙』として著名なものに平安時代後期ごろ成立の二巻がある。旧河本家本一巻（東京国立博物館蔵）と旧曹源寺《そうげんじ》本一巻（京都国立博物館蔵）である。

旧河本家本には、十段からなる絵があるが、詞書はない。その図様から、『正法念処経』で述べられている三十六種類の餓鬼のうち十種類の餓鬼が採り上げられている。

それらの餓鬼の種類と絵の様子は、第一段　着飾った男女が歓楽する宴席に忍び込み食物を盗む色欲《しきよく》餓鬼。第二段　出産時の汚物を食べる伺嬰児便《しえいじべん》餓鬼。第三段　人糞《じんぷん》を食べる伺便《しべん》餓鬼。第四段　死屍を食べる疾行《しっこう》餓鬼。第五段　糞尿の溜池に入り虫や糞尿を飲食する食糞《じきふん》餓鬼。第六段　猛暑の中、水を求めて走り回り、猛禽についばまれる曠野《こうや》餓鬼。第七段　空から降ってくる火の玉を食べる食火炭餓鬼。第八段　青い鬼と赤い鬼に挟まれて斬られそうになっている塚間住食熱灰土《ちょうかんじゅうじきねつかいど》餓鬼。第九段　食べた物を鬼から吐き出させられる食吐《じきと》餓鬼。第十段　水の飲めない食水《じきすい》餓鬼、ということになっている。

旧河本家本『餓鬼草紙』で描かれる餓鬼は、『往生要集』が掲載する餓鬼とその種類が異なっている絵が多い。重なっているのは、食吐餓鬼、食火炭餓鬼、食水餓鬼である。こうしたことから、宮次男氏は、旧河本家本は『正法念処経』を直接の典拠にして製作され、『往生要集』を直接の原典とはしていないことを指摘している（『六道絵』〈日本の美術二七一〉、至文堂、一九八八年）。

この傾向は、旧曹源寺本『餓鬼草紙』も同様である。旧曹源寺本には、『盂蘭盆経《うらぼんきょう》』（竺《じく》法護《ほうご》訳とされるが中国撰述経典とも考えられている）の目連尊者《もくれん》（目犍連《もくけんれん》。釈迦十大弟子の一人）が餓鬼道に堕ちた母に食物を施す話や、『仏説救抜焔口餓鬼陀羅尼経』が述べる阿難《あなん》尊者（目連と同じく釈迦十大弟子の一人）が、焔口餓鬼の訴えにより餓鬼に食物を施す話などが掲載されている。これらの話も『往生要集』には記載がないのである。

このように、餓鬼絵については、『往生要集』に直接影響を受けていないものも流布された。他方で、鎌倉時代中期ごろの作で聖衆来迎寺《しょうじゅらいごうじ》が所蔵する六道絵のなかの餓鬼絵は、『往生要集』に依拠した内容となっている。聖衆来迎寺蔵六道絵は、元々比叡山横川霊山《よかわりょうぜん》院《いん》に蔵されていたものである。

『餓鬼草紙』や『餓鬼絵』については、幾つかの系統のものが流布されたようであるが、いずれにしても、餓鬼に関しては『正法念処経』に強い影響を受けていることが窺えるのである。

それでは、『沙石集』巻第二ノ八に記載された餓鬼について検討したい。内容は次のようである。

『沙石集』の餓鬼

大和国篠原《しのはら》というところに論識房《ろんしきぼう》という僧がいた。説法などをして歩いていたが、歳をとってからは、つまらない事だと思い説法を止めて、小さな田を人に耕作させて、自分は引き籠り、『法華経』を誦持《じゅじ》して後世菩提のための修行とした。

論識房が他界した後、弟子の讃岐房という僧が、病気になって息絶えた。しかし、一日たって蘇生して次のように語った。閻魔王宮に参った。そこで報命が尽きていないと言われ放り出された。どこに行ったらよいかわからず、ふらついていたら、師匠の論識房が手に経典一巻を持って現れ「どうしたのか」と言われた。（弟子の讃岐房は、）「これこれ」と今までの次第を話した。それにたいし、論識房は、「我は閻魔大王の召人《めしうど》になってここにいる。我の居所を見よ」と自分の居所に連れていった。小さな庵室に釈迦三尊の絵像を掛け、机の上には『法華経』一部が置いてあった。論識房は、「自分は説法を止めて何の利益も施さず、仏弟子の儀に背いてしまった。不浄の財なのに田を耕作して人を悩ませた。これが失となって召人となった。自分のような召人は多くいるが、格別の苦しみはない」

ということである。

讃岐房は「自分はどうしたらよいのか」と聞くと、論識房は、「しばらく待って、地蔵菩薩がお出《い》でになったら、嘆き申しなさい」と教えた。すると、錫杖を振る音がして、忙しそうに地蔵菩薩がいらっしゃった。讃岐房は喜んで、地蔵に事情を話すと、「それならば」と、地蔵は讃岐房を閻魔大王の前に連れて行って、「この法師はいまだ報命《ほうめい》が尽きていないのですか」と仰せになった。すると閻魔王は「許しました」と申した。「それならば一緒に」と地蔵は、讃岐房を広い野のなかを連れていくと、無数の餓鬼がいるなかに入った。そのなかのある餓鬼が地蔵に申した。

「この法師は、昔の我が子です。彼を育てかわいがるうちに難儀をし、貪業《とんごう》を作り、今、このような悲しい報いを受けました。餓鬼の習いは、子を食べることです」と。

地蔵は、「これはお前の子に似ているが別人である」と答えた。餓鬼は「間違いない。我が子です。確かに覚えています。ください」と申したが、地蔵は「間違いだ。汝が子に少しも違わぬ別人ある」とそのまま通り過ぎて、そこから遥か遠くまで讃岐房を連れて行ってから、地蔵が「われ、汝を助けようとして、空《そら》ごとを言った。あの餓鬼は汝の実の母親であるが、只今、汝を食べたとしても、餓鬼の苦患《くげん》は助かるはずもない。汝が命を失うのも便《びん》なきことだと思い空ごとを申して汝を助けたのだ。心して母にたいし孝養をして、母の苦患を助けよ。今なら汝にはその道がわかるであろう。われは忙しい身なので行くぞ」と言って去ってしまった、ということである。

この話の内容は、地蔵菩薩の霊験譚であるが、話の後半に餓鬼が登場するのである。話の全体は、地蔵霊験譚なので、「地獄からの脱出」の章で検討した『今昔物語集』巻第十七の地蔵説話と同じような展開がみられる。しかし、『沙石集』の話は、『今昔物語集』のような深刻さがなく、何か滑稽な感じがする。

閻魔庁の庵室

『今昔物語集』の地蔵説話では、真摯に地蔵を信仰していても、前世からの宿業によって地獄に堕ちかけてしまう。しかし、『沙石集』の話は真逆で、主人公の讃岐房は、病で亡くなったが、閻魔大王から報命が尽きていないと言われ放り出されてしまうのである。そこには、閻魔大王の召人となった師僧の論識房がいた。

論識房が言うには、ここは「格別の苦しみはない」ということであった。『今昔物語集』に記された罪人の泣き叫ぶ声が雷のようであるという閻魔庁の様子とはまったく異なっていた。論識房が語る自分の居所は、釈迦三尊の絵像を掛け、机上に『法華経』一部が置いてあるという。こうした居所は、鎌倉時代初期の『方丈記』に記された蓮胤《れんいん》（鴨長明《かものちょうめい》）の庵室を彷彿とさせる。蓮胤の維摩居士《ゆいまこじ》の居所をまねた庵室は、「阿弥陀の絵像を安置し、そばに普賢《ふげん》をかけ、前に『法華経』を置けり」「西南に竹の吊棚《つりだな》を構えて、黒き革籠《かわご》三合を置けり、すなはち、和歌・管弦・往生要集ごときの抄物を入れたり」という状態であった。論識房の住居は遁世者の庵室と重なる。

遁世とは、世の無常を観じるために、世俗を絶って山林などで仏道修行に励むことだが、師僧の論識房は、本当に人間界を絶ってしまったということであろうか。

論識房は、『法華経』の誦持《じゆじ》を専らにするために、布教活動を止めてしまった。しかし、それでは生活できない。したがって田畑を人に耕してもらった。つまり施物だけを貰って、説法しなかったということであろう。論識房はその罪で死んで閻魔庁に行った。ただし、彼は真摯な修行者なので、ここでも修行を続けている。前章で、兼好や無住は、山林修行をしても、最低限生きるための生活必需品は必要だと考えていたと述べたが、論識房は、閻魔大王の召人になることで、ここでの生活の糧を得ているということなのだろうか。随分とスケールの大きい遁世である。

それはともかく、『沙石集』でこのように語られることによって、地獄の悲惨さはまるでない。『今昔物語集』では、宿業によって真摯な修行者も地獄行きとされた。地獄行きとされた者は心の底から地蔵菩薩に助けを求めていた。しかし、讃岐房は、閻魔庁に召し出されたが、宿業はまだ尽きていないと言われてしまい解放されたのである。しかし、讃岐房は、地蔵菩薩に助けを求めていないので当然地蔵は現れず、その結果、人間界に戻れなかった。讃岐房は閻魔庁で迷子になりかけたのである。師僧の論識房の助言は、地蔵が来たらお願いしろということであった。

讃岐房は、地蔵の導きで人間界に戻されることになったが、途中多くの餓鬼に遭遇する。ここから、話が急展開し、一気に緊張感が増すのである。

餓鬼道に堕ちた人

地蔵菩薩と讃岐房は、人間界に戻る途中で多くの餓鬼と出会った。そのなかのある餓鬼が、讃岐房は自分の前世の子どもだと言った。息子を育てるために難儀をし、貪業を重ね餓鬼になったということである。したがって、自分の飢えを満たすため讃岐房を食べたいと地蔵に訴えたのである。餓鬼が子どもを食べるのは、餓鬼の習いであるということである。

まさに『往生要集』で語られる「昼夜におのおの五子を生むが、生むたびにこれを食べる」というような餓鬼である。しかし、地蔵は、「讃岐房はお前の子どもではない」と嘘をついて、その場を切り抜け讃岐房を人間界に戻すのであった。

『往生要集』によれば餓鬼道には、慳貪《けんどん》・嫉妬の人が堕ちるということであった。また同集が記す鑊身餓鬼などは、財を貪《むさぼ》り、生き物を殺した者がこの報いを受けるなどとある。そうすると、前章で検討した畜生道に堕ちる条件と一体何が異なるであろうか。

人は、子どもにたいする痴愛の結果、来世、畜生道に堕ちた。したがって、人が畜生を殺して食べることとは、子が親を食べることになると畜生の殺生を戒めていた。餓鬼はその逆で、餓鬼が子を食べるのである。『沙石集』で語られる餓鬼は、貪業を作ったのは子を育てるために難儀したからだと述べるが、餓鬼の貪業は、そもそも自分のことだけを専らにする欲からなる（欲の種類と解釈は様々にあるがここでは触れない）。食吐餓鬼は、男性ならば自分ばかりが食べて、妻子に与えず。また、女性ならば夫、子に与えないことによる報いであった。餓鬼が「子どもを育てるために貪業を積んだ」というのも自分の欲を満たすための方便であったと思われ、その証拠が「自分の飢えを満たすためにその子どもを食べたい」という今の餓鬼の姿なのである。

畜生に転生する欲も餓鬼に転生する欲も、究極自分自身の欲なのだが、感覚的に微妙に異なる欲である。これらの点が畜生に堕ちる罪と餓鬼に堕ちる罪とは異なっていると無住は考えていたようである。

地蔵菩薩は、讃岐房に餓鬼からお前を守るために嘘を言ったと述べる。讃岐房は地獄には堕ちなかったが、別の次元の辛い結果が待っていた。餓鬼になった自分の母親を目の当たりにしたのである。地蔵は讃岐房に告げるのである。母親の苦患を助けよと。おそらくは、施餓鬼《せがき》ということになるのであろうが、それも、人間界に残った者の追善供養の一つの形態なのであった。

『餓鬼草紙』に描かれた餓鬼の転生

旧曹源寺本『餓鬼草紙』は、絵と詞書からなる。先に『信貴山縁起絵巻』の右と左の絵の展開の仕方を検討した。この展開の仕方を念頭において、絵と詞書から旧曹源寺本の第三・四段にある目連の話を検討したい。

旧曹源寺本『餓鬼草紙』に描かれた目連

『盂蘭盆経』を典拠にした目連の話である。目連は亡母の恩に報いようと母が生まれ変わった場所を捜した。すると餓鬼道に生まれたことが判明した。目連は大変悲しみ嘆いて、鉢に食物を入れて、母のところに行き食物を与えた。母はこれを食べようとすると、口に入れる前に食物が炎となってしまった。目連は悲しんで仏の元に詣でて、母を救うにはど

（『餓鬼草紙』第３・４段，京都国立博物館所蔵）

図20　目連尊者，亡母に食物を与える

うしたらよいかを尋ねた。仏が答えて言うには、「汝、自恣《じし》の僧を供養して、その残りを母に与えれば、母は食べることができるだろう」ということであった。

この話で述べられた「自恣の僧」とは、夏安居《げあんご》に参加している僧のことである。夏安居は僧の集会で、僧が互いに自分の罪を懺悔し、他僧の訓戒を受けることである。仏は目連にまずこの僧に食物を施せというのである。目連は仏の言うとおりにして、食物を母のもとに持っていった。今度は、食物は炎となることなく、母は心のままに食べることができた、ということである。

この話の絵では、まずは、中央画面下、右に目連、左に母の餓鬼が対峙して座り、両者の間に鉢に入った食物が燃えている場面が描かれている。同じ画面で中央左上部に目連が釈迦のところに詣でる場面が描かれている。釈迦は左から右に向かって座している。脇侍《きょうじ》の菩薩も同じように座している。三尊の後ろには釈迦の霊鷲山《りょうじゅせん》が描かれている。

釈迦と目連の対面場面では、目連が右から左へという構図で座し、釈迦三尊が左から右へという構図で座しているのである。先に検討した絵巻と一緒で、仏は左から右へと登場しているのである。

次の絵は、母の餓鬼が食物を得られた場面を描いている。目連と母の最初の対面と同じように、右に目連、左に母の餓鬼が対峙して座っている。しかし、食物が入った鉢は、母の尻の下である。母の後ろには三匹の餓鬼が描かれているのである。ほかの餓鬼は、食物に与《あずか》ろうと母の餓鬼に物乞いをしている。母の餓鬼は他の餓鬼に食物を奪われないように鉢を尻の下に置いているのである。

食物を独りで食べようとする母の姿を見た目連の顔は、悲しく描かれているのであった。

旧曹源寺本『餓鬼草紙』の第五段は、水が飲めない餓鬼が仏の説法で転生する話である。

餓鬼の転生

恒河《ごうが》（ガンジス川）のほとりに五百匹の餓鬼がいた。餓鬼は永遠に水を飲むことができない。餓鬼は河のほとりに居るけれども、水は炎に見えて飲むことができなかったのである。すると、仏が河のほとりの鬱曇鉢《うどんはつ》の木の下においでになった。

五百の餓鬼は、仏の元に参り、苦しみを訴え、助けを乞うた。その時、仏は諸々の餓鬼のために慳貪《けんどん》の咎《とが》を説いた。餓鬼はこれを聞いたが「苦しさに責められて、心に入らず」と申した。そこで、仏は、神通力で餓鬼に水を飲ませ様々な法を説いた。餓鬼はこれを聞いて、たちまちに餓鬼の姿を捨てて天の身を得た、ということである。

この話の絵では、画面右下に餓鬼らが水を飲もうとするが、恒河の水が炎になってしま

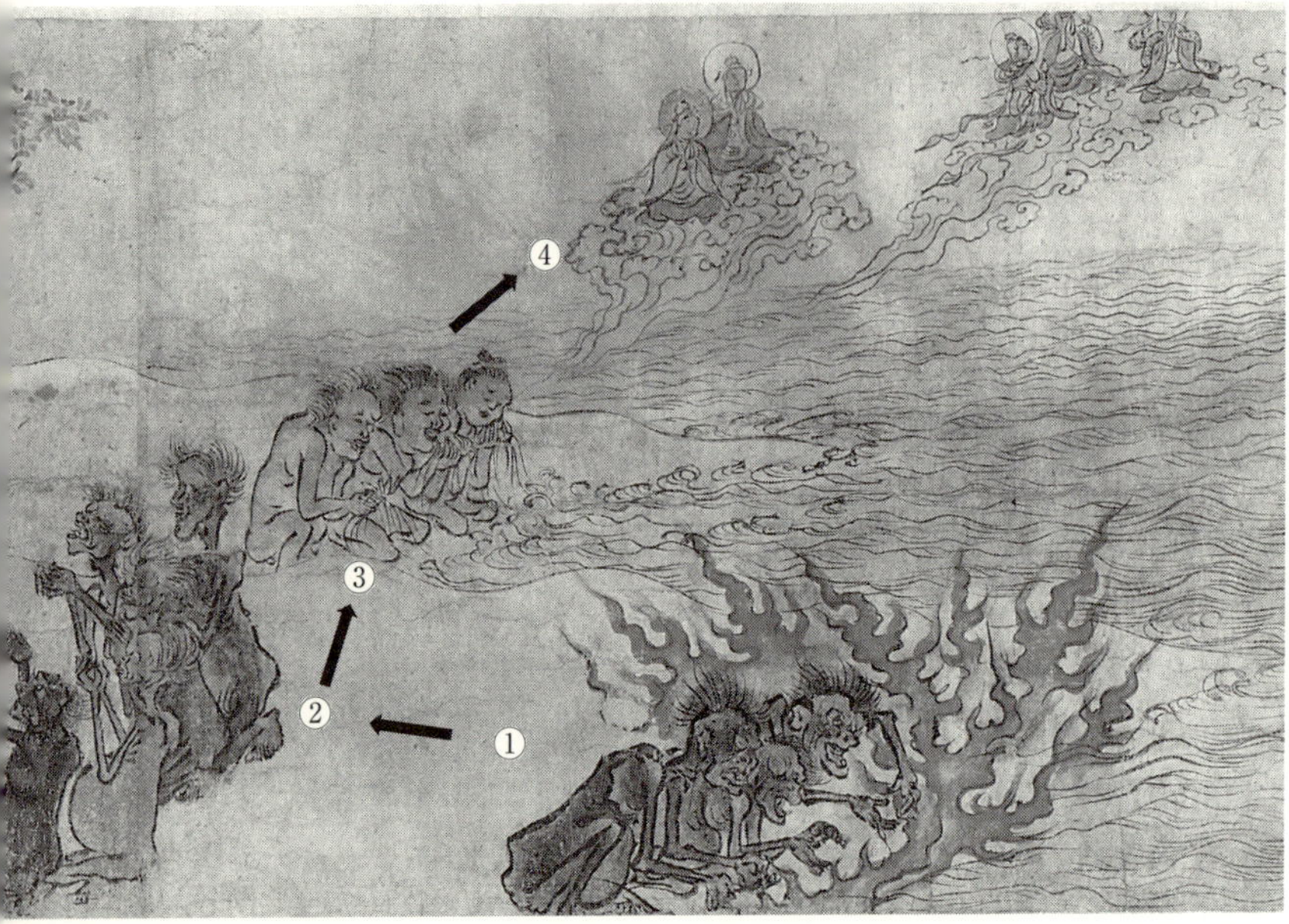

（『餓鬼草紙』第５段，京都国立博物館所蔵）

図21　水を渇した餓鬼が，仏の功徳により転生する

う場面が描かれている。話の順番からすると次は画面左に移る。仏と餓鬼が対峙している。仏が餓鬼らに説法しようとしている場面である。仏は右を向き、説法しようとしている。それにたいし、五匹の餓鬼らは左を向いて座して、手を伸ばし物乞いをしているように描かれている。次の場面は画面中央右である。仏の神通力で餓鬼が恒河の水を飲む場面である。詞書では、「仏の力を以て水を飲ましめて」とあるが、絵では、餓鬼から人の姿に変わっている。さらに次の場面は、画面右上に移る。餓鬼が天界に転生する場面である。五匹の餓鬼は、天人の姿となって雲に乗って昇上している。その様子は、右から左に向かって天に昇って行くのである。

旧曹源寺本『餓鬼草紙』の第五段は、絵が一画面に描かれている。まずは右から恒河の水が炎となり、餓鬼は水が飲めない場面。続いて、仏が鬱曇鉢の木の下で説法しようとし、餓鬼が座って仏に手を伸ばす場面であるが、この場面は最初の場面より左側（画面中央）に描かれている。最初の場面と第二場面目は話の展開から順当な位置に描かれていると言えよう。問題は次の場面以降である。

第三場面は、画面中央より右側、つまり、二場面目より右で三場面目は話が戻っているような印象を受けるのである。また、餓鬼は、人の姿をして恒河の水を飲んでいる。餓鬼は水が飲めないため渇きで説法を聞けないと訴え、仏は餓鬼に水を飲ます。餓鬼が人の姿で描かれるということは、餓鬼は正気を取り戻したのであろう。人の心を戻したので、そのことを可視的に表現し、餓鬼は人の姿をして描かれていると思われる。

第四場面は、画面右上に描かれている。四場面目は三場面目よりさらに右側に描かれているということになる。餓鬼は正気を取り戻せたので釈迦の説法を聞くことができ、天道に転生するのであるが、この転生の場面は、第三場面の人の姿で水を飲む様子より、さらに話は戻っている印象を受けるのである。

旧曹源寺本『餓鬼草紙』は、先に検討した『信貴山縁起絵巻』と同様に巻子本なので、話の展開は右から左へと展開していく。したがって右が過去で左が未来である。話は、水が炎となって、餓鬼が水を飲めない場面から始まり、次に仏が現れたが餓鬼が説法を聞けない場面へと左に続く。話の展開からすると順当である。

しかし、餓鬼は喉が渇き苦しくて説法を聞けないと仏に訴える。仏の力によって餓鬼は水を飲む場面となるが、餓鬼が仏の元に集まっている場面より、右側に描かれるので、過去に戻るということになる。さらに、最後の場面の天人の姿となり雲に乗り転生する様子は、餓鬼が水を飲む場面よりも右側なので、さらに過去に戻っているようである。しかも、雲は左から右へと飛んで行く。さらなる過去に戻るのであった。

さらに指摘したい点は、第三場面の仏が説法しようとしている様子の左側には空白部分がかなりあるということである。つまり、旧曹源寺本『餓鬼草紙』の第五段は一画面で四場面を描いているが、その構図は右側に偏っているということである。

また、詞書では「五百の餓鬼」と記されていたが、画面では餓鬼は五百匹も描けない。第一場面は水を飲めない餓鬼が三匹、第三場面は水を飲む餓鬼が三人の人の姿であり、第一場面と第三場面は対になっている。同じく第二場面の仏の前に集まる餓鬼は五匹、第四場面の天人になる姿は五人描かれているので、第三場面と第四場面は対になって描かれていることがわかるのである。

旧曹源寺本『餓鬼草紙』の右と左の展開

『信貴山縁起絵巻』やその他絵巻の往生の場面などでは、左が浄土に向かう「来世」であり、右が現実の「現世」であった。したがって、二十五菩薩の来迎などは左からやって来て、浄土に赴く場面では、右に向かって往生した。

そのような意味で、旧曹源寺本『餓鬼草紙』において目連が釈迦如来と対面する場面では、釈迦は左から右を向いた姿で描かれ、目連は右から左に向かって座すという姿で描かれている。また、喉が渇ききった餓鬼を説法する仏は左から右に向かって立っている姿で描かれ、餓鬼は右から左に向かって仏に訴えている姿で描かれている。したがって、旧曹源寺本の仏との出会い方は、他の絵巻などと同様と言えよう。

しかし、餓鬼が仏の神通力で水を飲む場面は、餓鬼が最初に仏に出会った場面よりも、右側、つまり過去に描かれ、さらに、餓鬼が天に転生する場面では、水を飲む場面よりも右側、さらなる過去として描かれているのである。餓鬼の来世は天道であった。したがって、浄土に直に進むものではない。あくまでも天道は六道の一つであった。

六道は輪廻転生する。輪廻とはまさに車輪のように廻るのである。語弊があるかもしれないが、前に進むのではなく戻っていくような感覚なのである。したがって、餓鬼が水を飲み、仏の説法を聞くことができ、天人の姿になったとは、餓鬼道から天道に転生する過程でもあり、それは、仏との出会いから始まり右側へ、つまり過去に向かって展開するのであろう。しかし、その過去とは、餓鬼の前世である人道に戻るものではない。あくまでも、餓鬼道から天道へは輪廻転生なのである。その可視化であった。

さらに言えば、餓鬼は仏との出会いをきっかけに天道へと進んでいくので、餓鬼は直ちに浄土に向かうことはない。つまり、浄土へと向かう未来の部分である仏の左側は空白となっているのであろう。

このように、餓鬼も畜生の蛤のように仏の利益によって天界（天道）に転生したのである。

三悪道の衆生――エピローグ

地獄・畜生・餓鬼道という順番で検討してきたが、本章ではこれらを三悪道という括りでまとめたい。

三悪道の利益

善道と悪道との違いで決定的なものは、悪道は仏縁を結べないということであった。人は仏道を修することができるのである。畜生はそれでも、他の悪道に比べて人と接する場合が多いので、仏と接する機会も多い。しかしそれでも、畜生は、仏の説法を正確には理解できないということであった。畜生は、説法を正確には理解できなかったが、仏法と接することで転生し解脱へと近づいていったのである。『沙石集』などでは、仏舎利賛嘆の声を聞いた蛤は犬へと転生し、犬はお経や陀羅尼を読む声を聞いて牛へと転生し、牛は

『大般若経』を写経するための料紙を担がされた功徳で馬に転生し、馬は熊野詣に行く人を乗せた功徳で人に転生したのである。さらに、他の話では、説法を聞いた蛤は善道である忉利天に転生したのである。

それでは、地獄はどうであろうか。地獄に堕ちた人を主に救ったのは、地蔵菩薩であった。そうは言ってもそれは地獄に堕ちる手前の閻魔庁でのことであった。多くは、地獄に本当に堕ちる前に前世である人道に戻すというのが地蔵の利益であったのである。戻された衆生は懺悔して真摯に仏道修行に励んだのであった。しかし、本当に衆生が地獄に堕ちた場合、地蔵は衆生を蘇生させられなかった。地獄での地蔵の利益は、獄卒の責苦を衆生に代わって受ける代受苦であった。

なぜに代受苦なのか。それは、地獄の苦しみがあまりにも壮絶で正常な思考がとても保てないと考えられていたからである。したがって、責苦を受け続ける衆生は、仏法を修する状態ではないのである。説法を正しく理解できないという点では、地獄は畜生と同じであった。地獄も畜生と同じで仏縁を結ぶことが難しいと考えられていたのである。地獄における地蔵の利益は、地獄の責苦を衆生の代わりに受けてくれるという霊験であり、その間、衆生は正常な思考を取り戻せたのである。したがって、衆生は夢で前世の家族に追善供養などの依頼ができた。このように、地獄の衆生は、真摯な仏道修行を継続することは不可能であったが、地蔵の代受苦の利益によって、その期間、衆生は仏に祈願したのである。その結果、地獄の衆生は、浄土には赴けなかったが、忉利天などの天道に転生したのである。

こうした、前世に人だった衆生にたいし、地獄で正常な思考に戻させるという点は、餓鬼道も一緒である。旧曹源寺本『餓鬼草紙』で、餓鬼は仏に訴えていた。その内容は、あまりにも咽喉が渇いて苦しくて仏の説法を聴聞できない、と。仏は餓鬼に水を飲ませ、その結果、餓鬼は人のような正気を取り戻すことができたのである。餓鬼は、一時ではあったが、仏の説法を聴聞することができたので、転生したのである。餓鬼道にいるかぎり、地獄と同じく、飢えや渇きによって衆生は真摯に仏道修行を続けることは不可能であった。したがって、浄土には往生できなかったが、食物などを施されることによって一時正気を取り戻し忉利天に転生したのである。

餓鬼道の衆生は、飢えの苦しみから説法を聴けない状態であるという点で、地獄と同じ仏縁を結ぶことが難しい世界であったのである。

三悪道のなかで、畜生の利益は、畜生の衆生が説法を理解したかどうかではなく、とにかく仏と縁を結ぶきっかけを持たせるというものであり、地獄と餓鬼の利益は、ある期間、正常な思考を取り戻させるというものであった。こうした畜生と地獄・餓鬼の利益の違いは、衆生の誕生の仕方が異なると考えられていたことによるものであろう。畜生の衆生の多くは、人と同じ胎生で誕生すると考えられている。胎生は前世の記憶を失って誕生する。つまり、前世に人であっても、人の時の記憶はないのである。しかし、地獄と餓鬼の衆生は、化生として転生する。化生は前世の記憶を持って来世に赴くのである。したがって、地獄と餓鬼道の衆生は人だった前世の記憶を持っているのである。これら二道の衆生は、苦しみを取り除けば、人だった時の正気を取り戻し、自ずと自分がなすべきことがわかるということなのである。

このように、畜生道と地獄・餓鬼道の利益は異なっていた。しかし、いずれも仏との縁を結ぶきっかけを与えるという点では共通していたのである。そして、その結果の転生は天道などであくまでも浄土ではなかった。

悪道での解脱

そうは言っても、悪道から浄土に往生することはなかったのであろうか。

『往生要集』大文第七に悪趣の利益について述べられている。阿難《あなん》尊者（釈迦十大弟子の一人）は「もし畜生がいて、仏にたいして、よく念を生じるならば、その善根の福報《ふくほう》は、まさに涅槃《ねはん》を得る」と述べたということであった。

『往生要集』では、畜生も涅槃を得られる。つまりは、解脱できるということである。しかし、この話はさらに続き、その例が挙げられている。昔、大商人がいて、船に乗っていたが、大摩竭魚《だいまかつぎょ》（鮫）に襲われた。摩竭魚は大きな口を開けていたが、商人は一心に念仏し、合掌礼拝し声高に「……南無《なむ》し、たてまつる」と唱えた。それを三度繰り返すと、摩竭魚はその音声を聞いて、大愛敬《だいあいきょう》が生じて口を閉じた。さらに、摩竭魚は喜楽《きぎょう》が生じ、もろもろの衆生を食べることを止めた。これによって、摩竭魚は寿命が尽きた後、人として生まれることを得て、仏所において仏法を聴聞し、出家して善智識《ぜんちしき》に近づいて阿羅漢《あらかん》（修行の最高段階）を得たということである。阿難は、「この魚を観よ、畜生道に生まれながら、涅槃せり」と述べたということであった。

このように、「畜生でも涅槃を得た」というようなことが記載されていても、それは、畜生から善道の人に転生した後、涅槃を得たということなのである。つまり、説話や縁起などには、こうした転生の過程が記載されずに、「解脱」や「往生」と記されることがあったのではないだろうか。この点については、第三章でみた『今昔物語集』で地獄に堕ちた僧が地獄から往生したと語られていたが、『地蔵菩薩霊験記』の同話で僧は地獄から天道に転生し、さらに「極楽往生したい」と語ったということと同じであろう。つまり、悪道から浄土に往生したと語られていても、実際には、善道に転生した後、浄土に往生したと中世人には観念されたのではないだろうか。

神奈川県立金沢文庫《かなざわぶんこ》（横浜市）が所蔵する鎌倉時代中期ごろの写しである金沢称名寺《しょうみょうじ》聖教「證果比丘《しょうかびく》勧二逆罪王一救二母苦一事《ぎやくざいのおうをすすめてははのくるしみをすくうのこと》」には、僧は自分の母親が地獄に堕ちたことを知った。そこで悪逆非道な王に、僧は王の余命七日であることを告げ、しかし、念仏で救われると教える。王は地獄に堕ちたが、地獄で念仏を唱え続け周囲の亡者も救われた。そのなかには僧の母親もいたのである。この史料では「比丘の母も同じく仏号を聞き解脱すと云々《うんぬん》」とある。

この史料では、王が地獄で念仏を唱え、僧の母はその仏号を聞き「解脱」したとある。この話はそもそも『往生要集』に記載され、『往生要集』に基づき製作された鎌倉時代製作の聖衆来迎寺蔵六道絵のなかの地獄絵に同話が描かれている。その絵のなかでは、母親は地獄の門を出て僧と対面する様子が描かれている。つまり、母が浄土に来迎する姿が描かれているわけではないのである。

この六道絵については、いろいろと解釈があるのであろうが、私が指摘したいのは、悪道から直には浄土に行けないという観念は、中世に確かにあったということである。近世初期の奈良絵本・絵巻「えんがく」「雀の発心」（ともに愛知県西尾市岩瀬文庫所蔵）には、猿や雀など畜生の往生も語られ、中世にその萌芽を求めることも可能なのであろうが、悪道からの浄土への往生は、善道への転生を経てからという観念がその根底にはあったことを窺わせるのである。

天道での解脱

地獄・餓鬼・畜生の三悪道の衆生で仏縁を得た結果の転生先は、忉利天などの天道が多かった。天道は帝釈天や四天王など仏の守護神の住処であったが、あくまで天道も六道の一つである。たとえば織田信長《おだのぶなが》は「六欲天の魔王」と自称したなどとも言われているが、ここでいう魔王とは、六欲天の天界のうち、最上位にあるとされる他化自在天を住処とする天魔波旬《てんまはじゅん》のことである。天魔波旬は六道を含めた欲界の最上位にいる天人なので、欲界を守るため、仏の説法を邪魔しようとした天人として知られている（あくまでも仏教の秩序を守る存在である）。

天道は快楽が続く世界であるが、六道の衆生であることには変わりはない。したがって天人には他の六道と一緒に寿命があった。天人が衰えていくことを天人五衰《ごすい》というが、それらは、衣裳垢膩《えしょうこうじ》（衣服が垢で汚れる）、頭上華萎《ずじょうかい》（頭上の華鬘《けまん》が萎《な》える）、身体臭穢《しんたいしゅうわい》（身体が汚れて臭気を出す)、腋下汗出《えきげかんしゅつ》(腋の下から汗が流れ出る)、不楽本座《ふらくほんざ》(自分の席に戻るのを嫌がる)である。このように天人の寿命が尽きる時、天人は衰退し、周囲には誰もいなくなり、心に大苦悩が生じるという。その苦は、地獄の十六倍であるということである。このように天道はあくまで六道の一つなのであった。また、天道は快楽が続く世界なので、仏道を修することは困難であるとも言われているのである。

しかし、『摩訶摩耶経《まかまやきょう》』や『過去現在未来経』などによれば、摩耶夫人は、釈迦を生んだ後、七日後に死去し、天道の忉利天に転生したとされる。釈迦は母である摩耶夫人のために忉利天に赴き説法したという。また、釈迦入滅後、弥勒菩薩は仏になるまで、兜率天の内院で天人らに説法をしているという。

弥勒菩薩の兜率天については、『往生要集』にも言及があるが、無住も『沙石集』で西方極楽浄土と兜率天について述べている。無住は、「極楽は報土《ほうど》である。兜率天は三界(兜率天は三界のなかでも欲界に存在する)のなかにあるから、報土ではない」とする。兜率天はあくまでも、六道の天道に属しているので西方極楽浄土のような報土ではないし、極楽浄土への発心は、同じ発心でも兜率天の往生より深い発心であると述べている。さらに、無住は、兜率天には内院と外院があり、弥勒菩薩がいる内院より外院は下位だと位置づけている。無住は、外院を人道と同じ方便土《ほうべんど》であるとするのである。しかし、無住は、本当に内院と外院の優劣を比較する時は、外院は劣っているが、逆に人道と同じ方便土なので転生しやすいと述べているのである。したがって、外院は確かに方便土だけれども、弥勒菩薩の説法を聴聞すれば、かりそめにも解脱へと前進する因縁はあるはずであるという。目に仏を見、耳に仏の教えを聞くには、外院であっても不足はない、ということである。

つまり、天道は、人道と同じく仏の説法を聴聞し仏縁を結べる世界だと中世人には考えられていたのである。この点は、三悪道とはやはり異なっていたのである。

追善供養

ところで、鎌倉時代に盛んになる十王信仰は追善仏事を前提とした信仰である。十王信仰は偽経ともされる『仏説地蔵菩薩発心因縁十王経《ぶっせつじぞうぼさつほっしんいんねんじゅうおうきょう》』などに基づいている。閻魔大王を含めた十王（すべての王の本地が地蔵菩薩であるとする）によって初七日《しょなのか》から始まり二七日《ふたなのか》（十四日）、三七日《さんしちにち》（二十一日）と続き七七日《しちしちにち》（四十九日）までの中陰の七回の追善供養と百日、一周忌、三周忌の三回の仏事の合計十回、亡者が、各王の裁きを受け、現世に残った者は亡者のために仏事を修するというものである。

先に検討した『今昔物語集』の地蔵説話や『餓鬼草紙』では追善供養についての記載が

あった。『今昔物語集』の地蔵説話では、女人は地獄に堕ちたが、地蔵の代受苦の利益を施されている時、現世に残った家族に自分のための仏事を修して欲しいと依頼していた。家族は喜んで仏事を修したということである。

地獄の責苦はとても正常な状態ではいられない。地蔵が身代わりに苦を受けてくれるといっても仏道を修し続けることは不可能である。したがって、現世に残った者が代わりに仏事を修したのである。この功徳によって、衆生を悪道から救済するという役割を追善供養は持ったのである。餓鬼道についても食物を餓鬼に施す目的で行なわれる施餓鬼会《せがきえ》は、飢えや渇きで正気を取り戻せない餓鬼に一時でも食事を与え、正気を取り戻して欲しいと願った追善供養であった。

さらに、宿業や宿縁などによって来世に地獄は決定《けつじょう》とされた者の堕地獄を覆すのはやはり難しかった。宿業・宿縁を覆す数少ない機会が中陰の期間、つまり閻魔大王らの裁きを受けている時である。『今昔物語集』などで、地蔵菩薩が閻魔大王に赦免を訴え、衆生は現世の人道に戻されたが、決定とされた地獄に衆生が堕ちた場合、地蔵の利益は代受苦となる。仏菩薩でも宿業や宿縁を易々と覆すことは難しかったのである。そうした意味で、中陰期間の死者の助力となる追善供養は、非常に重要であったのである。

このように追善供養は中世人にとっては、重要な意味を持った。この供養は、悪道に堕ちたと思われた人にたいしてより切実な仏事であったのである。それは、怨霊にたいする追善供養も仏との縁を結ばせるという意味では同様であった。こうした追善供養の功徳によって、悪道の衆生や怨霊は、仏と縁を結ぶきっかけを得て転生していったのである。つまり、三悪道における仏菩薩の利益とは、衆生に仏との縁を与え、悪道で過ごさなければならない本来の時間を絶って善道へと転生させることが主であったのである。

高野山金剛三昧院奉納『宝積経要品』

「足利直義の現報」で直義は、観応の擾乱で高師直・師泰兄弟を殺害し現報を受けたことについて触れた。それは『太平記』が記すところから考察したのであるが、直義は地獄に堕ちたと当時の人々は考えたのであろうか。

このことを考える前に、足利尊氏、直義、夢窓疎石《むそうそせき》（臨済宗）の三人で分担書写して、高野山金剛三昧院《こうやさんこんごうざんまいいん》に奉納された『宝積経要品《ほうしやくきょうようほん》』について触れたい。

同経は康永三年（一三四四）十月八日に直義が奥書を記した。その奥書には、尊氏・直義兄弟の舎利《しゃり》信仰に関する記述があるが、本書で注目したいのは、その願意である。直義の願文には「二十余輩《にじゅうよはい》の歌人、二世の願楽《がんらく》を成就し」とある。「二十余輩の歌人」とは、二十七人が和歌を詠み、合計百二十首の和歌短冊を繋ぎ合わせてその裏に『宝積経要品』を直義・夢窓疎石・尊氏の順番で書写したからである。

延元四年（一三三九）には、足利尊氏・直義兄弟、高師直・師泰兄弟らと戦った後醍醐《ごだいご》天皇《てんのう》が崩御している。尊氏・直義兄弟は、後醍醐天皇の菩提を弔うために天龍寺を建立し、安国寺《あんこくじ》という寺と利生塔《りしょとう》という塔を全国の国ごとに建立した。尊氏はそればかりでなく自ら発願《ほつがん》して五千巻以上からなる一切経《いっさいきょう》の書写事業に着手した。『宝積経要品』はこうした尊氏・直義の仏教的作善《さぜん》事業の一環として捉える研究者もいる。しかし、一切経に記されている奥書願文には、「元弘以来の戦没者追善、後醍醐天皇の菩提を弔う」と明確に記されているが、『宝積経要品』の直義の願文にはそうした文言はまったくみられない。私は、純粋に和歌を詠んだ人々の現世の安穏と来世の往生を祈願したものだと考えている。

なぜに和歌の短冊の裏に写経をしたかと言えば、和歌は五・七・五・七・七の三十一文字で詠む詩であるが、中世では、和歌を詠むとは、陀羅尼や経を読むのと同じであるとする思想があった。また、和歌を短冊に書す行為は、経を写経する功徳と同じであるという思想もあったのである。

三人で写経した『宝積経要品』は、二十七人に加えて尊氏の護持僧《ごじそう》を務めた醍醐寺三宝《さんぽう》院《いん》の賢俊《けんしゅん》も和歌を詠進した。つまり、和歌の詠進者は、『宝積経要品』の結縁者《けちえんしゃ》であった。足利尊氏・直義、高師直の三人は揃って和歌を詠んだ。三人は一緒に往生を願った『宝積経要品』の結縁者であったのである。それは康永三年（一三四四）のことであった。しかし、観応元年（一三五〇）、足利直義と高師直・師泰兄弟が対立し、それが尊氏と直義兄弟の対立へと展開し両者は戦った。『宝積経要品』が写経されてから五年後のことであった。

足利尊氏の地蔵信仰

臨済宗の僧義堂周信《ぎどうしゅうしん》の日記をまとめた『空華日用工夫略集《くうげにちようくふうりゃくしゅう》』永徳二年（一三八二）十月一日条には、尊氏の地蔵信仰を窺わせる記事がある。

尊氏が九州に赴く途中の夢の話である。尊氏は敵軍に迫られてある山に登った。山頂の路《みち》は絶えてほとんど墜堕《ついだ》しそうであった。顧みて沖氏古山《ちゅうしこざん》（直義）の手を引いた。尊氏は力を尽くしたが絶体絶命であった。すると、たちまち地蔵菩薩が現れた。地蔵菩薩は尊氏の手を握り、飛んで太平原の平坦な場所に達した。そこへ高氏兄弟（師直・師泰）らが数千の軍を率いて到着した。のちに尊氏軍は九州に達して某州太平原に砦を築いた。尊氏の夢は地蔵菩薩の験《げん》である。これより尊氏は地蔵菩薩像を描き讃を成した。「夢中感通《むちゅうかんつう》」の句がこれである、というのがその内容である。

図22 （浄妙寺所蔵） 足利尊氏自画自賛地蔵尊 （東京大学史料編纂所所蔵模写）

尊氏が描いた地蔵菩薩像は、貞和五年（一三四九）大簇《たいそう》（正月）下旬のものが浄妙寺《じょうみょうじ》（神奈川県鎌倉市）、観応元年（一三五〇）七月六日付のものが清見寺《せいけんじ》（静岡市）、文和四年（一三五五）七月二十四日付のものが熊野《くまの》若王子《わかおうじ》神社《じんじゃ》（京都市左京区）などに現存している。

南北朝の動乱期、尊氏軍は延元元年（一三三六）に北畠顕家《きたばたけあきいえ》、楠木正成《くすのきまさしげ》、新田義貞《にったよしさだ》らの南朝方の攻撃により京都から九州に敗走したが、筑前多々良浜の戦いで南朝方の菊池《きくち》武《たけ》敏《とし》らを撃破した。『空華日用工夫略集』の記事は、尊氏軍が九州に赴いた時の話を題材としている。

尊氏は九州のある山頂で窮地に陥ったが、弟直義の手を引き、そこに地蔵菩薩が現れ平坦な場所まで導いてくれた。すると高師直・師泰が数千の軍勢を率いて助けに来たという。まさに、『今昔物語集』巻第十七第三話で語られた平諸道の父の合戦での加護という地蔵菩薩の利益である。

足利尊氏・直義兄弟と高師直・師泰兄弟は一緒になって南北朝の動乱を戦い抜き、地蔵菩薩は彼らを助けたということである。

やはり逆縁
―結びに―

高野山金剛三昧院に奉納された『宝積経要品』に尊氏・直義・師直は揃って結縁した。この奉納は、結縁者全員の現世と来世を祈ってのことであった。しかし、五年後に尊氏と直義は対立して戦った。この戦いで高師直・師泰兄弟は直義により命を奪われた。さらにその翌年、直義は尊氏に敗れ命を落とした。これが一連の史実である。

こうした史実をどう評価すべきか。私には大変難しく確たる結論はない。尊氏を始め彼らは、同じ仏にたいし名を連ねて結縁した。しかし結縁者同士が対立し、実際にその戦いは殺生を伴ったのである。それでも彼ら全員熱心な仏教信仰者であったことは間違いないのである。

さて、『空華日用工夫略集』の記事によると、尊氏・直義・師直・師泰は全員で協力して南北朝の動乱を戦い、この戦いを地蔵菩薩は助けた。私が注目したいのは、永徳二年（一三八二）十月一日という記事が書かれた年月日である。観応二年（一三五一）二月二十六日、高師直・師泰兄弟は殺害された。翌年の同月同日、足利直義は亡くなった。尊氏は延文三年（一三五八）に逝去した。

つまり、永徳二年の記事に登場する人物は、もうこの世に誰も存在していない。将軍は第三代足利義満《よしみつ》である。

記事の内容は、尊氏側からみれば、直義は逆縁ということになるかもしれない。直義側からみれば、尊氏・師直・師泰は逆縁ということになるであろうか。否、まったく違う立場からみれば、全員が逆縁かもしれない。

『今昔物語集』の地蔵説話で検討したように、平安時代後期であったなら、合戦での加護とはいっても、このような内容で地蔵の利益は記されなかったであろう。つまり、尊氏・直義兄弟の対立に善・悪はないというのが『空華日用工夫略集』の記事なのである。

あとがき

本書を読み終えた読者の方々に、中世人の仏教観は「このような傾向なのか」ということを観《かん》じていただければ、本書の目的は達成できたのではないだろうか。本書では触れなかったが、寺院にたいする武士の戦勝祈願や祈禱依頼などは、本書で述べた殺生観の延長線上で理解できると私は考えている。

内容は小難しい話になってしまったかもしれないが、六道や輪廻転生などの中世人の観念はそれほど難しい理屈ではないと思う。本書の大部分は、史料に語ってもらっており、難しいと感じる読者は、私のまとめる能力のなさが原因だと思っていただきたい。

本書は、中世という時代が舞台である。『梵網経』などの経典で説かれる戒律と鎌倉時代の無住らが語る殺生観などとは比較すると明らかに異なっているが、本来はこうした差異が生じる過程（そもそも、当初から異なっていたのかなどを含めて）を古代から丹念に述べるべきであろう。中世から始まる本書の課題の一つである。

また、私は仏教の宗派史のような視点ではなく、中世社会全体の傾向のような捉え方で執筆したので、細かい部分で異論がある方もいるであろう。批判的なことも含めてこうした分野の議論が少しでも深まればと考えている。

本書は、説話集や絵巻物などを主な史料とした。当然、こうした編纂物の内容について、そのまま史実と考えることはできない。しかし、中世人の考え方、思想を検討する材料としてはかなり有益な史料である。本書はこうした史料を主にして歴史を読み解くことを試みた。

ただし、本書は一般書なので、読者の方々が知っている説話集などを極力使おうと考えた。そのため、本書を読んで実際の史料を確認したいと思った読者が、比較的手に取りやすい日本古典文学全集（小学館）やコンパクト版日本絵巻（中央公論社）などを底本にした。『徒然草』では、近年小川剛生訳注の『徒然草　現代語訳付き』（角川ソフィア文庫、二〇一五年）などが刊行されている。多くの方々にこうした説話集などが読まれ、適度に本書を批判していただければと思う。

ところで、足利直義は、死後どうなったのであろうか。さらに本書ではまったく触れていない足利尊氏や直義と対立した後醍醐天皇の死は中世社会でどう受け入れられたのだろうか。本書を書き終えてのもう一つの課題となるが、その点は別の機会があれば述べたいと思う。

なお、本書は「仏縁」「順縁」「逆縁」など「縁」がキーワードになっているが、「縁」と言えば多くの方々が思い浮かべる歴史書は、網野善彦氏の『無縁・公界・楽』（平凡社、一九七八年）であろう。実は、本書で網野氏の論と正反対なことを述べている部分がある。私は、仏教史の視点から網野氏の史料解釈に疑問な部分がある。この点も機会があったら別に述べるかもしれない。

「無縁」については、高木豊先生の著書『平安時代法華仏教史研究』（平楽寺書店、一九七三年）で触れた一文が核心をついていると私は考えている。網野氏の著書については、十年ほど前になるかもしれないが、百瀬今朝雄先生と喫茶店にいた時、途中会話が途切れ、苦し紛れに自説を話した。その時、百瀬先生が「文章にしなさい」と言われたので、原稿をまとめ大学院の先輩の細川重男氏に添削してもらった。しかし、自分のだらしない性格により、放置して現在に至っている。本書の執筆中少し気になったのだが、すでに、当時使っていたパソコンは買い替えてしまってない。しかも、今でも自分の部屋の色々な原稿や書類の山からそれを探し出そうとする気力がまったくない状態である。したがって、網野氏の論についての言及は、その必要が生じた時にしたい。ただし、そうすると細川氏に無駄な時間を割いていただいたことになり、不義理になるので、何とか骨子となる十年ほど前の原稿を探し出したいと考えている。

さらに、畜生を語った章では、無住の『沙石集』を多く引用した。無住と言えば諸宗兼学の僧であり、無住には禅の思想も当然入っている。禅と言えば（語弊がある言い方かもしれない）儒教的思想を考慮すべきかとも思う。しかし、本書は意図してその点には触れなかった。当時の未分離な部分を、現代的思考で分離しなかったためである。

本書の執筆にあたっては、吉川弘文館編集部の石津輝真氏と並木隆氏にお世話になった。日本史史料研究会の活動をとおして吉川弘文館には大変お世話になっている。日ごろから研究会で迷惑をかけているので、本書の執筆はその罪滅ぼしでと思った次第である。私にとっては、両氏とも以前からの結構長い付き合いになっており、これも「ご縁」ということだろう。

「罪滅ぼしで原稿を渡した」などと偉そうなことを言ったが、結局、私は今回も吉川弘文館に助けてもらうことになった。私にとって吉川弘文館との関係は、現代における中世的な意味での逆縁かもしれない。いや順縁かもしれない。よくわからないが、いずれにしても、私には大変有難く心より感謝申し上げたい。

最後に読者の皆さんの忌憚のないご批判と一層のご教授を賜ることができれば幸いである。

二〇一七年十一月

生駒哲郎

参考文献

阿部泰郎・稲垣泰一・生駒哲郎・奥健夫「シンポジウム「生身」をめぐる思想・造型と説話」『説話文学研究』四三、二〇〇八年
生駒哲郎「山林の住僧―『信貴山縁起絵巻』をめぐる山林修行と生身信仰―」『山脇学園短期大学紀要』第四〇号、二〇〇二年
生駒哲郎「室町時代の生身信仰―桂地蔵の霊験譚をめぐって―」『山脇学園短期大学紀要』第四一号、二〇〇三年
生駒哲郎「畜生道の衆生」『般若』第一五巻七号、二〇一一年
石井　進『中世武士団』（日本の歴史一二）、小学館、一九七四年
石田瑞麿『往生の思想』（サーラ叢書一六）、平楽寺書店、一九六八年
石田瑞麿校注『源信』（日本思想体系六）、岩波書店、一九七〇年
石田瑞麿『戒律の研究』上・下（日本仏教思想研究1・2）、法蔵館、一九八六年
泉武夫・加須屋誠・山本聡美編『六道絵　国宝』中央公論美術出版、二〇〇七年
井上光貞『日本浄土教成立史の研究』山川出版社、一九七五年
追塩千尋『日本中世の説話と仏教』和泉書院、一九九九年
大江　篤「早良親王の霊―「祟」認識の展開―」園田学園女子大学歴史民俗学会編『史園』第一号、二

〇〇〇年
大隅和雄『信心の世界、遁世者の心』(日本の中世二)、中央公論新社、二〇〇二年
梯　信暁「『往生要集』の地獄観」大阪大谷大学歴史文化学科編『論集 他界観』(同学科調査研究報告第二冊)、同学科、二〇一六年
神奈川県立金沢文庫編『中世の地獄―絵画と説話にみる地獄の風景―』同文庫、一九九七年
苅米一志『殺生と往生のあいだ―中世仏教と民衆生活―』(歴史文化ライブラリー四一四)、吉川弘文館、二〇一五年
菊地大樹『鎌倉仏教への道―実践と修学・信心の系譜―』(講談社選書メチエ)、講談社、二〇一五年
呉座勇一「命日の仇討ち」日本史史料研究会編『日本史のまめまめしい知識』第一巻、岩田書院、二〇一六年
小島孝之校注・訳『沙石集』(新編日本古典文学全集五二)、小学館、二〇〇一年
五味文彦『殺生と信仰』角川書店、一九九七年
五味文彦『源義経』(岩波新書)、岩波書店、二〇〇四年
財団法人前田育徳会編『国宝 宝積経要品 高野山金剛三昧院奉納和歌短冊』勉誠出版、二〇一一年
坂井孝一『曽我物語の史的研究』吉川弘文館、二〇一四年
榊原　悟『日本絵画のあそび』(岩波新書)、岩波書店、一九九八年
佐和隆研「『信貴山縁起』と鳥羽僧正覚猷」、小松茂美氏編日本絵巻大成四『信貴山縁起』中央公論社、一九七七年

鈴木由美「覚海円成の祈り―伊豆の国市本立寺所蔵元徳四年（一三三二）銘旧鎌倉東慶寺梵鐘―」『ぶい&ぶい』（日本史史料研究会会報誌）第四号、二〇〇八年
平　雅行「殺生禁断と殺生罪業観」脇田晴子・他編『周縁文化と身分制』思文閣出版、二〇〇五年
田中一松「中世における絵因果経の諸作品」、『繪因果経』（新修日本繪巻物全集第一巻）、角川書店、一九七五年
坪井みどり『絵因果経の研究』山川出版社、二〇〇四年
戸川　点『平安時代の死刑―なぜ避けられたのか―』（歴史文化ライブラリー三九七）、吉川弘文館、二〇一五年
中澤克昭「狩る王の系譜」同編『歴史のなかの動物たち』（人と動物の日本史一）、吉川弘文館、二〇〇八年
中村生雄『日本の宗教と動物観』吉川弘文館、二〇一〇年
西山美香『武家政権と禅宗―夢窓疎石を中心に―』笠間書院、二〇〇四年
野口　実『源義家―天下第一の武勇の士―』山川出版社、二〇一二年
速水　侑『地蔵信仰』（塙新書）、塙書房、一九七五年
東アジア恠異学会編『怪異学の技法』臨川書店、二〇〇三年
平塚泰三「醍醐寺本「過去現在絵因果経」について」『御法に守られし　醍醐寺』渋谷区立松濤美術館、二〇一四年
細川重男『頼朝の武士団　将軍・御家人たちと本拠地・鎌倉』（歴史新書y三一）洋泉社、二〇一二年

細川重男「「暴れっぱなし」の七十九年」『日本歴史』七七六、二〇一三年
真鍋広済「地蔵菩薩霊験記」『群書解題』一八下、続群書類従完成会、一九六五年
宮次男編著『六道絵』（日本の美術二七一）、至文堂、一九八八年
長野浩典『生類供養と日本人』弦書房、二〇一六年
野中哲照『後三年記の成立』汲古書院、二〇一四年
山田雄司『崇徳院怨霊の研究』思文閣出版、二〇〇一年
山田雄司『跋扈する怨霊―祟りと鎮魂の日本史―』（歴史文化ライブラリー二三七）、吉川弘文館、二〇〇七年）
湯之上隆『日本中世の地域社会と仏教』思文閣出版、二〇一四年
吉原健雄「『諏訪大明神画詞』試論―殺生観をめぐって―」『東北大学　日本思想史研究』第二三号、一九九一年

著者紹介

一九六七年、東京都に生まれる

一九九八年、立正大学大学院文学研究科史学専攻博士後期課程満期退学

現在、東京大学史料編纂所図書部史料情報管理チーム非常勤・武蔵野大学教養教育リサーチセンター研究員・日本史史料研究会代表

主要論文

「松尾社一切経『大方広仏華厳経』（六十華厳）の書写・校合・改装」（『寺院史研究』第八号、二〇〇四年）

「聖教の継承と曼殊院門跡」（五味文彦・菊地大樹編『中世の寺院と都市・権力』山川出版社、二〇〇七年）

「中・近世移行期における在地支配と地方寺院の展開」（阿部猛編『中世政治史の研究』日本史史料研究会、二〇一〇年）

歴史文化ライブラリー
460

畜生・餓鬼・地獄の中世仏教史

因果応報と悪道

二〇一八年（平成三十）二月一日　第一刷発行
二〇一八年（平成三十）四月一日　第二刷発行

著　者　生《い》駒《こま》哲《てつ》郎《ろう》

発行者　吉川道郎

発行所　株式会社　吉川弘文館

東京都文京区本郷七丁目二番八号
郵便番号一一三―〇〇三三
電話〇三―三八一三―九一五一〈代表〉
振替口座〇〇一〇〇―五―二四四
http://www.yoshikawa-k.co.jp/

印刷＝株式会社 平文社
製本＝ナショナル製本協同組合
装幀＝清水良洋・柴崎精治

ISBN978-4-642-05860-5

歴史文化ライブラリー

1996.10

刊行のことば

現今の日本および国際社会は、さまざまな面で大変動の時代を迎えておりますが、近づきつつある二十一世紀は人類史の到達点として、物質的な繁栄のみならず文化や自然・社会環境を謳歌できる平和な社会でなければなりません。しかしながら高度成長・技術革新にともなう急激な変貌は「自己本位な刹那主義」の風潮を生みだし、先人が築いてきた歴史や文化に学ぶ余裕もなく、いまだ明るい人類の将来が展望できていないようにも見えます。このような状況を踏まえ、よりよい二十一世紀社会を築くために、人類誕生から現在に至る「人類の遺産・教訓」としてのあらゆる分野の歴史と文化を「歴史文化ライブラリー」として刊行することといたしました。

小社は、安政四年(一八五七)の創業以来、一貫して歴史学を中心とした専門出版社として書籍を刊行しつづけてまいりました。その経験を生かし、学問成果にもとづいた本叢書を刊行し社会的要請に応えて行きたいと考えております。

現代は、マスメディアが発達した高度情報化社会といわれますが、私どもはあくまでも活字を主体とした出版こそ、ものの本質を考える基礎と信じ、本叢書をとおして社会に訴えてまいりたいと思います。これから生まれでる一冊一冊が、それぞれの読者を知的冒険の旅へと誘い、希望に満ちた人類の未来を構築する糧となれば幸いです。

吉川弘文館

歴史文化ライブラリー

中世史

歴史文化ライブラリー

戦国時代の足利将軍―山田康弘
名前と権力の中世史 室町将軍の朝廷戦略―水野智之
戦国貴族の生き残り戦略―岡野友彦
鉄砲と戦国合戦―宇田川武久
検証 長篠合戦―平山 優
織田信長と戦国の村 天下統一のための近江支配―深谷幸治
よみがえる安土城―木戸雅寿
検証 本能寺の変―谷口克広
加藤清正 朝鮮侵略の実像―北島万次
落日の豊臣政権 秀吉の憂鬱、不穏な京都―河内将芳
北政所と淀殿 豊臣家を守ろうとした妻たち―小和田哲男
豊臣秀頼―福田千鶴
偽りの外交使節 室町時代の日朝関係―橋本 雄
朝鮮人のみた中世日本―関 周一
ザビエルの同伴者 アンジロー 戦国時代の国際人―岸野 久
海賊たちの中世―金谷匡人
アジアのなかの戦国大名 西国の群雄と経営戦略―鹿毛敏夫
琉球王国と戦国大名 島津侵入までの半世紀―黒嶋 敏
天下統一とシルバーラッシュ 銀と戦国の流通革命―本多博之

近世史

神君家康の誕生 東照宮と権現様―曽根原 理
江戸の政権交代と武家屋敷―岩本 馨
江戸の町奉行―南 和男
江戸御留守居役 近世の外交官―笠谷和比古
検証 島原天草一揆―大橋幸泰
大名行列を解剖する 江戸の人材派遣―根岸茂夫
江戸大名の本家と分家―野口朋隆
赤穂浪士の実像―谷口眞子
〈甲賀忍者〉の実像―藤田和敏
江戸の武家名鑑 武鑑と出版競争―藤實久美子
江戸の出版統制 弾圧に翻弄された戯作者たち―佐藤至子
武士という身分 城下町萩の大名家臣団―森下 徹
旗本・御家人の就職事情―山本英貴
武士の奉公 本音と建前 江戸時代の出世と処世術―高野信治
宮中のシェフ、鶴をさばく 江戸時代の朝廷と庖丁道―西村慎太郎
馬と人の江戸時代―兼平賢治
犬と鷹の江戸時代 〈犬公方〉綱吉と〈鷹将軍〉吉宗―根崎光男
紀州藩主 徳川吉宗 明君伝説・宝永地震・隠密御用―藤本清二郎
江戸時代の孝行者 「孝義録」の世界―菅野則子
死者のはたらきと江戸時代 遺訓・家訓・辞世―深谷克己
近世の百姓世界―白川部達夫
闘いを記憶する百姓たち 江戸時代の裁判学習帳―八鍬友広

歴史文化ライブラリー

歴史文化ライブラリー

運　慶　その人と芸術――副島弘道
ほとけを造った人びと　止利仏師から運慶・快慶まで――根立研介
〈日本美術〉の発見　岡倉天心がめざしたもの――吉田千鶴子
祇園祭　祝祭の京都――川嶋將生
洛中洛外図屛風　つくられた〈京都〉を読み解く――小島道裕
時代劇と風俗考証　やさしい有職故実入門――二木謙一
化粧の日本史　美意識の移りかわり――山村博美
乱舞の中世　白拍子・乱拍子・猿楽――沖本幸子
神社の本殿　建築にみる神の空間――三浦正幸
古建築修復に生きる　屋根職人の世界――原田多加司
古建築を復元する　過去と現在の架け橋――海野　聡
大工道具の文明史　日本・中国・ヨーロッパの建築技術――渡邉　晶
苗字と名前の歴史――坂田　聡
日本人の姓・苗字・名前　人名に刻まれた歴史――大藤　修
数え方の日本史――三保忠夫
大相撲行司の世界――根間弘海
日本料理の歴史――熊倉功夫
吉兆　湯木貞一　料理の道――末廣幸代
日本の味　醤油の歴史――林　玲子・天野雅敏編
中世の喫茶文化　儀礼の茶から「茶の湯」へ――橋本素子
天皇の音楽史　古代・中世の帝王学――豊永聡美
流行歌の誕生　「カチューシャの唄」とその時代――永嶺重敏
話し言葉の日本史――野村剛史
「国語」という呪縛　国語から日本語へ、そして○○語へ――川口　良・角田史幸
柳宗悦と民藝の現在――松井　健
遊牧という文化　移動の生活戦略――松井　健
マザーグースと日本人――鷲津名都江
金属が語る日本史　銭貨・日本刀・鉄炮――齋藤　努
書物に魅せられた英国人　フランク・ホーレーと日本文化――横山　學
災害復興の日本史――安田政彦
夏が来なかった時代　歴史を動かした気候変動――桜井邦朋

各冊一七〇〇円～二〇〇〇円（いずれも税別）
▽残部僅少の書目も掲載してあります。品切の節はご容赦下さい。
▽品切書目の一部について、オンデマンド版の販売も開始しました。
詳しくは出版図書目録、または小社ホームページをご覧下さい。